FRANZ BRANDL
FLORIAN FISCHER

COCKTAILS
OHNE ALKOHOL

Für Chiara

COCKTAILS
OHNE ALKOHOL

FRANZ BRANDL
FLORIAN FISCHER

66 MOCKTAILS UND TREND-DRINKS

südwest

Inhalt

Die Autoren	6
Vorwort	7
Bar- & Cocktailgeschichte	8
Die alkoholfreien Mixdrinks	9
Mixpraxis	10
Barausstattung	12
Symbole im Buch	13
Die Drinks in diesem Buch	14
Die Rezepte	17
Die alkoholfreien Getränke	150
Rezeptregister	152
Webadressen und Bezugsquellen	153
Danksagung	154
Impressum	154

Die Autoren

FRANZ BRANDL

Jahrgang 1944, ist einer der bekanntesten Barmixer und der führende Buchautor zum Thema »Mixen und Getränke«. Seine berufliche Tätigkeit begann 1958 mit einer Lehre in einem Münchener Restaurant. Bereits in den frühen 1960er-Jahren führte ihn sein Weg an die Bar, und 1976 legte er die Barmeisterprüfung ab. Franz Brandl war 1972 in München Barmanager im Eröffnungsteam des Sheraton-Hotels (heute Westin Grand), dem damals größten Hotel Europas. Anschließend eröffnete und leitete er die Harry's New York Bar und ab 1978 die Max-Joseph-Bar in Eckart Witzigmanns weltberühmtem Dreisternerestaurant Aubergine. Mit zahlreichen Bar- und Getränke-Büchern hat Franz Brandl bis heute großen Anteil am Wiedererstehen der Cocktailkultur, und sein erstes Buch, der 1982 erschienene *Gourmet Mix Guide*, zählt heute zu den Klassikern der Barliteratur. Sein 1988 veröffentlichter Titel *Cocktails* ist mit über 30 Auflagen das weltweit meistverkaufte Buch zu diesem Thema.

FLORIAN FISCHER

Jahrgang 1979, zählt zu den renommiertesten Barmeistern Deutschlands. Er war wie Franz Brandl zu seiner Zeit einer der jüngsten Absolventen der Ausbildung. Sein beruflicher Weg begann 1999 im traditionsreichen Augsburger Hotel Drei Mohren und führte ihn über das Runnymede Hotel in London ins Grand Hotel Zermatterhof in Zermatt/Schweiz, auf das Kreuzfahrtschiff MS Astoria und schließlich ins Gogärtchen nach Sylt. Im Jahr 2004 folgte die Anstellung als Assistant Bar Manager im weltberühmten Münchener Kempinski Hotel Vier Jahreszeiten. Von 2007 bis 2014 fungierte er dort als Barmanager. Unter Florian Fischers Führung erhielt diese klassische Bar ihren alten Glanz zurück, und in diesen Jahren präsentierte er mit seinen Mitarbeitern die Bar auf einem unvergleichlich hohen Niveau. Mit Franz Brandl verbindet ihn eine langjährige Freundschaft, und so entstand auch der Plan, gemeinsam ein zeitgemäßes Mixgetränke-Buch mit alkoholfreien Rezepten zu veröffentlichen.

Vorwort

Gemixte Getränke sind interessant, ihre Herstellung ist spannend und das Ergebnis lässt im Freundeskreis viel Spielraum zu Anmerkungen über die Auswahl, die Zubereitung und den Geschmack.

In den letzten Jahrzehnten wurde das Mixen ständig populärer, und im Gefolge der »alkoholischen Vorbilder« nahmen auch die alkoholfreien Varianten immer mehr Fahrt auf. Beim Zubereiten dieser im englischen Sprachraum als »Mocktail« (von to mock = »vortäuschen«, »nachahmen«) bezeichneten Mixdrinks sind die Möglichkeiten heute fast grenzenlos.

Bis zum Ende der 1970er-Jahre war – aufgrund der geringen Zahl von Basisprodukten – auch das Repertoire von Mixdrinks mit Alkohol noch sehr eingeschränkt, und Rezepte für Drinks ohne Alkohol gab es kaum. Vom heutigen Angebot an Fruchtsäften und Fruchtnektaren sowie den Sirupen konnte man nur träumen. Bis dahin war lediglich die Grenadine erhältlich, und dieser rote Sirup war das Maß aller Dinge. Im Jahr 1974 kam erstmals eine Cocos Cream auf den Markt, und ab 1978 gab es Kokos-, Mandel- und den Blue-Curaçao-Sirup. Damit begann das neue Zeitalter der Mixgetränke, und man konnte nun auch international bekannte Klassiker wie Piña Colada und Mai Tai mixen. Mit dem erweiterten Sirupangebot legte man den Grundstein zur heutigen Vielfalt und zu vielen der bekannten alkoholhaltigen Rezepte entwickelten sich auch bald alkoholfreie Varianten.

Durch die nun erhältlichen, den alkoholischen Vorbildern nachgeahmten Getränkealternativen erweiterten sich die Möglichkeiten beim alkoholfreien Mixen nochmals um ein Vielfaches, und jeder Drink, gleich ob prickelnd, spritzig, fruchtig oder auch ein Heißgetränk, lässt sich nun oft auch ohne Alkohol, aber mit alkoholischer Anmutung herstellen.

Wir wünschen Ihnen mit dem vorliegenden Buch viel Freude und ein gutes Gelingen, begleitet von einem herzlichen
»Shake it easy«.

Ihre Barmeister
Franz Brandl und Florian Fischer

Bar- & Cocktailgeschichte

Ein Hahnenschwanz ist das Symbol der Cocktails, und für die Entstehung des Namens gibt es zahlreiche Deutungen. Denkbar ist, dass der Cocktail seinen Namen den Hahnenkämpfen zu verdanken hat. Nach diesen Kämpfen hatten die Besitzer der Siegerhähne das Recht, dem getöteten Rivalen die bunten Schwanzfedern auszureißen. Beim anschließenden Umtrunk wurden diese Trophäen mit einem Drink »on the cock's tail« begossen. Später nannte man die nach den Kämpfen gereichten Getränke »Cocktails«. Das damals in Nordamerika verfügbare Spirituosenangebot beschränkte sich auf den Zuckerrohrschnaps der karibischen Inseln und auf die einheimischen Destillate aus Getreide, den Vorläufern der Whiskeys. Alle diese Schnäpse waren hart und hochprozentig, und ihr Konsum erforderte Mut und Standvermögen. So lag es nahe, dass man versuchte, durch Süßen mit Zucker oder Honig oder die Zugabe aromatischer Ingredienzen und Früchte den Geschmack angenehmer zu machen und somit den Genuss zu erhöhen. Mitte des 19. Jahrhunderts wurden dann auch in Nordamerika andere Spirituosen und Liköre hergestellt – von europäischen Einwanderern, die ihr Wissen über die Alkoholdestillation in der neuen Heimat in die Tat umsetzten. Auch der Ort der Zusammentreffen hatte sich verändert: Er wandelte sich von der namensgebenden Bar, der einfachen Barriere des Westernsaloons, zur heutigen American Bar. Der Import der in Europa hergestellten Getränke nahm stetig zu, und damit stand der Genuss- und Experimentierfreude nichts mehr im Weg und es wurden unzählige Cocktails erfunden.

In Europa begann der Siegeszug des Cocktails in den Bars der großen Hotels, die um die vorletzte Jahrhundertwende errichtet wurden – in Deutschland wurde diese Entwicklung allerdings von den Kriegen und Wirrnissen der ersten Jahrhunderthälfte unterbrochen. So erlangte der Cocktail hier erst in den späten 1950er-Jahren den Stellenwert, den er in den Großstädten der Vereinigten Staaten sowie in London und Paris längst hatte. Ab den 1970er-Jahren etablierten sich die Bars auch in Deutschland und sie entstanden auch außerhalb der Hotels. Die wachsende Verfügbarkeit internationaler Spirituosen- und Getränkemarken, sowie die Entwicklung neuartiger Sorten beschleunigten die Beliebtheit der Mixdrinks. Des Weiteren kamen bis dahin unbekannte Sirupe und Säfte auf den Markt, und diese schufen weitere Möglichkeiten. Diese Entwicklung erfasste auch die alkoholfreien Drinks und auch die Schaumweine ohne Alkohol und die seit einigen Jahren erhältlichen *non-alcoholic spirits* forcierten die Entwicklung neuer Drinks ohne Alkohol.

Die alkoholfreien Mixdrinks

Die Basis der ersten alkoholfreien Mixdrinks bestand hauptsächlich aus Fruchtsaft mit Sirup oder Limonade, die mit Milch, Speiseeis und pürierten Früchten erweitert wurde. In der Regel sind es »alkoholfreie« Longdrinks, und gleich ob spritzig, prickelnd, fruchtig oder als Heißgetränk, die Möglichkeiten sind fast unendlich. Während man bis in die 1980er-Jahre lediglich ein paar einfache Mischungen aus Fruchtsäften oder Limonaden mit Sirup kannte, ist die Anzahl der alkoholfreien Rezepte inzwischen enorm angewachsen. Nicht nur dem gestiegenen Gesundheitsbewusstsein ist dieser Aufschwung zu verdanken, maßgebend war auch die reiche Auswahl an Säften und neuartigen Sirupen, sie ermöglichten diese Entwicklung erst.

Schon lange bekannt sind die alkoholfreien Weine als solche sowie die mit Kräutern und Gewürzen versetzten alkoholfreien Weine. Dazu kommen die alkoholfreien Bitter-Aperitifs Italiens und die alkoholfreien Anis-Getränke aus Frankreich. Erfindungen zu Beginn des 20. Jahrhunderts ermöglichen den Ausbau der alkoholfreien Weine in der heutigen Qualität, und seit den 1980er-Jahren wird auch das Angebot an alkoholfreien Schaumweinen stetig größer. Diese entsprechen nicht den Vorschriften für Sekt und dürfen auch nicht als »Sekt« bezeichnet werden. Einfach ausgedrückt: Es handelt sich dabei um alkoholfreie Weine, denen Kohlensäure zugesetzt wurde.

Dazu kamen nun in neuerer Zeit die ihren alkoholischen Vorbildern nachempfundenen *non-alcoholic spirits* (siehe »Die alkoholfreien Getränke«, Seite 150/151). Die hauptsächlichen Geschmacksrichtungen sind Gin und Rum, doch es werden auch Whisky und Agaven-Destillate kopiert. Likör-Alternativen wie Amaretto, Kaffee und Orange sind ebenfalls erhältlich. Während die Geschmackskomponenten der »echten« Spirituosen durch Mazeration oder Destillation entstehen und sich auch durch die Reifung in Holzfässern entwickeln, werden hier Essenzen und Aromen verwendet. Davon gibt es unzählige Varianten, und jeder kennt zumindest die Backaromen Rum, Vanille, Orange und Zitrone.

Für viele Rezepte dieses Buches wurden alkoholfreie Alternativen und *non-alcoholic spirits* verwendet und dabei versucht, den Geschmack der Originale zu treffen.

Mixpraxis

So geheimnisvoll das Hantieren eines Barprofis auch aussieht: Es beschränkt sich auf vier, in sich allerdings grundverschiedene Zubereitungsarten. Mixgetränke werden entweder durch Schütteln im Shaker, im Elektromixer oder durch direktes Anrichten im Trinkglas zubereitet. Die vierte, beim Mixen alkoholfreier Drinks allerdings selten angewandte Methode ist das Rühren im Rührglas.

SCHÜTTELN IM SHAKER

Beim Schütteln gibt man zuerst Eiswürfel in das Unterteil des Shakers und dann kommen die Zutaten, beginnend mit Sirup oder Sahne, dazu. Kohlensäurehaltige Getränke niemals mitschütteln! Der geschlossene Shaker wird in waagerechter Haltung in Schulterhöhe kräftig vom Körper weg und wieder zum Körper hin geschüttelt. Die Dauer des Schüttelns ist jeweils von den verschiedenen Bestandteilen abhängig. Bei Drinks mit Sirupen und Säften erzeugt kräftiges Schütteln außer der Kühlung durch das Eis und der Vermischung der Zutaten eine Schaumkrone, die jeden Drink frischer aussehen lässt. Nach dem Schütteln wird der Shaker abgesetzt. Dies geschieht beim klassischen zweiteiligen Metallshaker mit dem größeren Unterteil, beim Boston-Shaker mit dem Metalloberteil, da dieses größer ist als das Glasteil. Dadurch wird auch – im Gegensatz zum Metallshaker, dessen Kopfteil zum Schließen nach innen eingesetzt wird – ein Füllen des Glasteils bis zum Rand möglich. Nach dem Schütteln gießt man in der Regel mithilfe des Barsiebs die Drinks in die Gläser. Das Barsieb hält dabei das verbliebene Eis im Shaker zurück. Sollen mitgeschüttelte Fruchtstücke oder Minzeblätter etc. nicht in das Trinkglas gelangen, gießt man den Drink zusätzlich durch ein Teesieb ab, das nennt man Fine Strain oder Double Strain.

MIXEN MIT DEM ELEKTROMIXER

Bei der Zubereitung im Elektromixer gelten die gleichen Regeln wie beim Schütteln. Er wird eingesetzt, wenn mehrere Drinks auf einmal zubereitet werden sollen. Darin püriert man Früchte und mixt Getränke mit dickflüssigen Zutaten wie Sahne oder Creams.

ANRICHTEN IM TRINKGLAS

Für Drinks, die im Trinkglas angerichtet werden, gibt es kein festes Grundrezept. Die Zubereitung ist jeweils verschieden und bei den einzelnen Rezepten angegeben.

ABMESSEN

Wichtig beim Mixen ist das Abmessen der Zutaten. Der meistverwendete Messbecher ist doppelseitig und besteht aus Metall. Die Standardausführung fasst 2 cl und 4 cl. Darüber hinaus gibt es Messbecher mit einer Einteilung von 1 bis 5 cl, die an die englischen/amerikanischen Maßeinheiten angepasst sind.

EISWÜRFEL

Viel zum Gelingen eines Cocktails trägt das verwendete Eis bei. Es darf, so abwegig dies klingen mag, nicht zu kalt sein. Ideal sind Eiswürfel aus dem Eiswürfelbereiter, die eine Temperatur von 0 °C aufweisen. Eiswürfel aus der Tiefkühltruhe sind mit −15 °C zu kalt. Sie lösen sich beim Mixen nur langsam auf, und durch das fehlende Schmelzwasser wird nicht der optimale Kühleffekt erzeugt. Steht kein Eis aus einem Eiswürfelbereiter zur Verfügung, sollten die Eiswürfel aus dem Tiefkühlfach einige Zeit vorher herausgenommen werden.

HERSTELLUNG VON ZERSCHLAGENEM EIS

Zur Herstellung von zerschlagenem Eis gibt man Eiswürfel auf ein Küchentuch aus Leinen und faltet es zu einem Beutel zusammen. Diesen legt man auf einen festen Untergrund und schlägt mit einem Fleischklopfer oder einem Holzhammer darauf. Die kleinen Eisstücke gibt man mit einem Löffel in das Glas oder nimmt sie direkt mit dem Glas vom Tuch auf. Zerschlagenes Eis lässt sich auch für mehrere Drinks gut vorbereiten. Dazu füllt man das nicht unmittelbar benötigte zerschlagene Eis in Gläser und stellt diese bis zum Gebrauch ins Gefrierfach.

VORBEREITUNG FÜR MEHRERE DRINKS

Dafür ist man mit wenig Aufwand und ohne Qualitätseinbußen schnell vorbereitet. Will man beispielsweise einen Drink mit einem 20-cl-Rezept anbieten, so braucht man dazu nur einen zwei Liter fassenden Glaskrug. Dahinein gibt man die zehnfache Menge der Rezeptur und rührt gut um. Wenn der jeweilige Drink gemixt werden soll, verfährt man wie sonst auch, muss aber nicht alles einzeln eingießen.

GARNITUREN

Grundsätzlich verwendet man zum Garnieren frische essbare Früchte. Sie sollten mit der Geschmacksrichtung des jeweiligen Drinks harmonieren und im Verhältnis zu seinem Volumen stehen.

Barausstattung

Ausgießer werden auf Flaschenhälse gesteckt und erlauben ein zügiges Eingießen.

Barlöffel Der etwa 25 Zentimeter lange Löffel dient zum Verrühren von Flüssigkeiten. Er dient mit 0,5 cl auch als kleine Maßeinheit.

Barmesser Das mittelgroße Sägemesser benötigt man zum Schneiden und Schälen von Früchten.

Barsieb Das Spiralsieb hält beim Abseihen die Eisstücke im Shaker zurück.

Blender Ein elektrischer Mixer, der über einen nach unten gerichteten Metallstab mit Quirl verfügt. Dieser vermischt die Zutaten in einem unten eingehängten Metallbecher.

Cocktailspieße Kleine Spießchen aus Holz oder Plastik.

Elektromixer dient zum Pürieren von Früchten, zum Schlagen von Sahne, zur Zubereitung von Mixgetränken mit schwer mischbaren Zutaten und zur Zubereitung größerer Drink-Mengen.

Eiszange und Eisschaufel zum Aufnehmen von Eiswürfeln.

Gläser Die benötigten Gläser sollten ansprechend und zweckmäßig sein.

Hebelkorkenzieher Er sollte eine breite Spirale haben und mit einem Schneidemesser sowie einem Kapselheber ausgestattet sein.

Messbecher Die klassischen Metallmodelle fassen auf der einen Seite 2 cl, auf der Gegenseite 4 cl Flüssigkeit. Es gibt auch Modelle mit einer Einteilung bis 5 cl.

Rührglas Dickwandiges, hohes Glas mit Ausgießschnabel. Kommt beim Mixen alkoholfreier Drinks nur selten zum Einsatz.

Muskatreibe Zum Reiben von Muskatnüssen. Am besten sind Reiben mit Vorratsbehälter.

Schneidebrett Unterlage zum Schneiden von Früchten.

Sektflaschenverschluss Dient zum dichten Verschließen angebrochener Schaumweinflaschen.

Shaker (Schüttelbecher) Drei Modelle von Shakern sind üblich: der zweiteilige aus Edelstahl oder Silber (auch Tin Tin Shaker genannt), der dreiteilige aus Edelstahl oder Silber mit im Mittelteil eingebautem Sieb und der Boston-Shaker, der aus einem kleineren Glasteil und einem größeren Edelstahlteil besteht.

Spiralschäler Auch »Zestenreißer« oder »Kanneliermesser«. Damit lassen sich lange, dünne Streifen von Orangen oder Zitronen abschälen.

Stirrer Ein langer Stab zum Rühren in Highballs und Longdrinks.

Stößel Braucht man zum Ausdrücken etwa von Limetten, Minzeblättern, Kräutern oder Früchten. Sie sind sowohl aus Holz als auch aus Edelstahl mit Plastik verfügbar.

Trinkhalme Braucht man in zwei Größen, und sie sollten aus nachhaltigen Materialien bestehen.

Symbole im Buch

Zur besseren Übersicht sind jedem Rezept die Symbole der Bargerätschaften zugeordnet. Um bei der Zubereitung zügig vorgehen zu können, sollte man vor dem Mixen die benötigten Utensilien bereitstellen.

DIE SYMBOLE DER BARGERÄTSCHAFTEN:

Longdrinkglas Highball Tumbler Cocktailschale

Cocktailglas Weinglas Sektglas Krug

Tasse Kochtopf Elektromixer Shaker

Barsieb Stößel Barlöffel Stirrer

Schneebesen Trinkhalm Eiswürfel Zerstoßenes Eis

Die Drinks in diesem Buch

DIE DRINK-GRUPPEN

Um einen besseren Überblick zu erhalten, sind die Rezepte in aussagekräftigen Gruppen angeordnet. Diese Einteilung ist großzügig gehandhabt, denn ein Gin Tonic beispielsweise ist sowohl ein Klassiker als auch ein spritziger Drink. Die Drinks, die mit *non-alcoholic spirits* zubereitet werden, sind mit einem * gekennzeichnet. Zum leichteren Auffinden ist die jeweils verwendete *non-alcoholic*-Alternative angegeben. .

Klassiker – die Berühmten
Hierzu gehören bekannte Drink-Klassiker wie Mai Tai, Piña Colada oder Sex on the Beach in abgewandelter alkoholfreier Form.

After Eight* – mit Gin-Alternative
Basil Smash* – mit Gin-Alternative
Bramble* – mit Gin-Alternative
Clover Club* – mit Gin-Alternative
Espresso-Nuss-Martini* – mit Gin-Alternative
Gin Tonic* – mit Gin-Alternative
Mai Tai* – mit Rum-Alternative
Piña Colada* – mit Rum-Alternative
Planter's Punch* – mit Rum-Alternative
Sex on the Beach
Tom Collins* – mit Gin-Alternative
Virgin Mary

Aperitif – für den Nachmittag, zwischendurch oder vor dem Essen
Hier werden klassische Aperitifs und Nachmittags-Drinks wie Americano, Bellini oder Cosmopolitan in alkoholfreier Form vorgestellt.

Americano* – mit Vermouth-Alternative
Bellini
Berry White
Cosmopolitan* – mit Orangen-Liqueur-Alternative
Gimlet* – mit Gin-Alternative
Hugo
Italian Blossom

Prickelnd – mit alkoholfreiem Schaumwein
Neu entwickelte Rezepte und die alkoholfreien Varianten bekannter Drinks sind Allrounder und feine Aperitifs.

Azzurro Bacio
Contessa Negroni* – mit Gin-Alternative
French 75* –- mit Gin-Alternative
Mandarimosa
Peach Velvet
Rhubarb Rosé
Zitronengras-Ingwer-Spritz

Spritzig – mit Limonaden oder Sodawasser
Spitzige Drinks wie der Klassiker Ipanema und weitere mit Limonaden gemixte Drinks werden hier vorgestellt.

Caribbean Mule* – mit Rum-Alternative
Citrus Crushed* – mit Gin-Alternative
Cucumber Lemonade
Granatapfel-Spritz
Ipanema
Karotten-Spritz
Méditerranée* – mit Gin-Alternative
Stiletto-Spritz* – mit Vermouth-Alternative
White-Lavender-Tonic

Spritzig-fruchtig – die Erfrischenden
Diese Drinks bieten viel Geschmack und Erfrischung. Hier finden Sie altbewährte und neue Kreationen, die aufzeigen, welche verschiedenen Richtungen möglich sind.

Alpentoni* – mit Vermouth-Alternative
Apple Highflower* – mit Vermouth-Alternative
Beatroot Fizz
Blue Movie* – mit Rum-Alternative
Cool Strawberry
Leon's Highball
Passion High* – mit Vermouth-Alternative

Fruchtig – die aparten Früchtchen
Fruchtsaft ist hier die Basis. Die Rezepte haben einen großen Saftanteil, und alle enthalten viel Frucht. Die einheimischen und die aus aller Welt importierten Früchte präsentieren eine eindrucksvolle Vielfalt an Säften und Nektaren.

Asian Strawberry* – mit Rum-Alternative
Banana Royal* – mit Rum-Alternative
Blue Monday
Cocoberry Mojito* – mit Rum-Alternative
Frozen Mango Margarita* – mit Mezcal- oder Tequila-Alternative
Kiwi Blossom* – mit Gin-Alternative
Orange Velvet
Slushberry* – mit Orangen-Liqueur-Alternative
Swimmingpool
Wood Passion* – mit Gin-Alternative

Trend-Drinks – die Modernen
Das Angebot an Säften, Sirupen und Limonaden ist größer denn je, außerdem eröffnen die neuartigen *non-alcoholic spirits* unzählige Variationsmöglichkeiten.

Afternoon Ice Tea
Amaretto Sour
Bloody Shandy
Linus Garden
London Mule* – mit *non-alcoholic-spirits-Alternativ*en
Magic Chamomile* – mit Gin-Alternative
Red Soul
Wake Up

Hot Drinks – für die kühlen Zeiten
Es muss nicht immer eine »einfache« Tasse Kaffee, Tee oder Kakao sein. Süßt man diese Heißgetränke mit Sirupen wie Amaretto, Vanille, Karamell, Haselnuss oder Mandel, verwandeln sie sich in aparte heiße Köstlichkeiten und mit Rezepterweiterungen in aromatische Hot Drinks.

Apfelstrudel-Punsch
Green Chocolate
Hazel Almond
Hot Gingerbread* – mit Whiskey-Alternative
Maple Coffee* – mit Whiskey-Alternative
Orangenpunsch* – mit Rum-Alternative

DIE REZEPTE

After Eight

3 cl Gin-Alternative* (z. B. Siegfried Wonderleaf)
3 cl Weiße-Schokolade-Sirup
2 cl Pfefferminzsirup
4 cl Sahne

Minzezweig

ZUBEREITUNG

1. Eiswürfel in das Shaker-Unterteil geben.
2. Alle Zutaten hineingießen.
3. Shaker schließen und schütteln.
4. Den Drink durch ein Barsieb in eine Cocktailschale abgießen.
5. Mit dem Minzezweig garnieren.

TIPP

Die Kombination von Pfefferminze und Schokolade ist nicht nur bei Süßwaren und in der Speiseeisherstellung beliebt. Beide Aromen prägen auch den Geschmack von Mixgetränken, wobei die Verbindung mit Sahne, Kaffee oder Kakao besonders beliebt ist. Pfefferminzsirup mit Mineralwasser aufgegossen, ist in den mediterranen Regionen ein beliebtes Erfrischungsgetränk, und der Weiße-Schokolade-Sirup eignet sich auch ideal als Zugabe zum Kaffee.

(*Siehe »Die alkoholfreien Getränke«, Seite 150/151)

Basil Smash

6 cl Gin-Alternative* (z. B. Siegfried Wonderleaf)
3 cl frisch gepresster Zitronensaft
2 cl Zuckersirup
10–15 Basilikumblätter

Basilikumzweig

ZUBEREITUNG

1. Eiswürfel in einen Tumbler geben.
2. Die Basilikumblätter in das Shaker-Unterteil geben.
3. Mit einem Stößel andrücken.
4. Gin-Alternative*, Zitronensaft und Zuckersirup dazugießen.
5. Eiswürfel in den Shaker geben.
6. Shaker schließen und schütteln.
7. Den Drink durch ein Barsieb in das Glas abgießen.
8. Mit dem Basilikumzweig garnieren.
9. Trinkhalm dazugeben.

INFO

Der Ursprung der Smash-Rezepte liegt in den USA, und sie zählen zu den ältesten Drink-Rezepten. Die Drinks bestanden seinerzeit aus einer Spirituose, Eis, Zucker und Minze. Im Grunde versuchte man, den damals erhältlichen Alkohol dadurch trinkbarer und geschmackvoller zu machen. Heute verwendet man noch weitere Kräuter wie Thymian, Rosmarin und Basilikum, und neben den Kräutern werden auch Früchte und Zitronensaft zugefügt. Bei den modernen Smash-Rezepten wird Wert darauf gelegt, dass der Geschmack der Kräuter spürbar bleibt. Will man keine Blattteile im Glas haben, sollte man den Drink zusätzlich durch ein Teesieb abgießen.

(*Siehe »Die alkoholfreien Getränke«, Seite 150/151)

KLASSIKER

Bramble

5 cl Gin-Alternative*
2 cl frisch gepresster Zitronensaft
2 cl Brombeersirup
5–6 Brombeeren

Zitronenschale
Brombeeren

ZUBEREITUNG

1. Einen Tumbler zur Hälfte mit zerschlagenem Eis füllen.
2. Die Brombeeren in das Shaker-Unterteil geben und mit einem Stößel zerdrücken.
3. Gin-Alternative*, Zitronensaft und Brombeersirup darübergießen.
4. Eiswürfel dazugeben.
5. Shaker schließen und kräftig schütteln.
6. Durch ein Barsieb in den Tumbler abgießen und mit einem Barlöffel vermischen.
7. Das Glas mit zerschlagenem Eis auffüllen.
8. Mit der Zitronenschale abspritzen und diese dazugeben.
9. Mit Brombeeren garnieren und die Trinkhalme dazugeben.

TIPP

Möchte man keine Fruchtstücke und Kerne im Glas haben, sollte man den Drink zusätzlich durch ein Teesieb abgießen. Für einen Bramble eignen sich auch Himbeersirup und frische Himbeeren.

(*Siehe »Die alkoholfreien Getränke«, Seite 150/151)

Clover Club

6 cl Gin-Alternative* (z. B. Windspiel Alkoholfrei)
3 cl frisch gepresster Zitronensaft
2 cl Himbeersirup
½ Eiweiß oder Aquafaba

Himbeeren

ZUBEREITUNG

1. Eiswürfel in das Shaker-Unterteil geben.
2. Alle Zutaten dazugeben.
3. Shaker schließen und kräftig schütteln.
4. Den Drink durch ein Barsieb in eine Cocktailschale abgießen.
5. Himbeeren auf einen Cocktailspieß stecken und über den Glasrand legen.

INFO

Der **Clover Club** ist ein altbekannter Klassiker aus der Frühzeit der Cocktails. Im Grunde ist er ein Gin Sour, bei dem anstelle von Zucker **Himbeersirup** verwendet wird. In der alkoholfreien Variante wird der Gin durch eine Gin-Alternative* ersetzt, und für eine schöne Schaumkrone sorgen **Eiweiß oder Aquafaba**.

(*Siehe »Die alkoholfreien Getränke«, Seite 150/151)

Espresso-Nuss-Martini

5 cl Gin-Alternative* (z. B. Siegfried Wonderleaf)
3 cl kalter starker Espresso-Kaffee
1 cl Haselnusssirup

1 Haselnuss

ZUBEREITUNG

1. Eiswürfel in das Shaker-Unterteil geben.
2. Alle Zutaten dazugeben.
3. Shaker schließen und kräftig schütteln.
4. Den Drink durch ein Barsieb in ein Cocktailglas abgießen.
5. Etwas Haselnuss abreiben und daraufstreuen.

INFO

Die Geschichte und auch woher der Martini-Cocktail seinen Namen erhielt, ist nicht ganz klar. Er ist jedoch bereits in den ersten US-amerikanischen Rezeptbüchern der 1880er-Jahre als »Martinez Cocktail« erwähnt. Die heutige Rezeptur verlangt nur noch Gin und Vermouth Dry, und die Diskussionen über deren Mengenverhältnis sind endlos. Er gilt als »König der Cocktails«, eine seiner zahlreichen Varianten ist der Espresso-Nuss-Martini, der hier in alkoholfreier Form vorgestellt wird.

(*Siehe »Die alkoholfreien Getränke«, Seite 150/151)

Gin Tonic

4–6 cl Gin-Alternative*
Kaltes Tonic Water

½ Zitronenscheibe oder 1 lange Zitronenschale

ZUBEREITUNG

1. Eiswürfel in ein großes Weinglas geben.
2. Gin-Alternative* dazugießen.
3. Nach Belieben mit Tonic Water auffüllen.
4. Mit einem Barlöffel leicht umrühren.
5. Die halbe Zitronenscheibe hineingeben oder mit der Zitronenschale abspritzen.
6. Einen Stirrer dazugeben.

INFO

Gin Tonic ist der weltweit meistgetrunkene Highball. Seine Erfolgsgeschichte begann mit der Erfindung des Tonic Waters von Schweppes. Spanien ist das Land mit dem höchsten Pro-Kopf-Verbrauch an Gin, und dort wird der Gin Tonic in großen, mit Eiswürfeln gefüllten Stielgläsern angerichtet. Durch die Entwicklung der *non-alcoholic spirits* lässt sich der »Weltstar« nun auch in alkoholfreier Form genießen.

(*Siehe »Die alkoholfreien Getränke«, Seite 150/151)

KLASSIKER

Mai Tai

1 geviertelte Limette
2 cl Orangen-Liqueur-Alternative* (z. B. Lyre's Orange Sec)
1 cl Zuckersirup
1 cl Mandelsirup
2 cl frisch gepresster Limettensaft
3 cl Rum-Alternative* (z. B. Lyre's Dark Cane)
3 cl Rum-Alternative* (z. B. Lyre's Spiced Cane)

Minzezweige

ZUBEREITUNG

1. Eiswürfel in das Shaker-Unterteil geben.
2. Alle Zutaten dazugeben.
3. Shaker schließen und schütteln.
4. Den Drink direkt ohne Verwendung eines Barsiebs in den Tumbler gießen.
5. Das Glas mit zerschlagenem Eis füllen.
6. Mit Minzezweigen garnieren.
7. Trinkhalme dazugeben.

INFO

Die Geschichte des **Mai Tai** beginnt mit Victor Bergeron, dem Gründer der im polynesischen Stil eingerichteten Restaurantkette Trader Vic's. Er soll diesen grandiosen Rum-Drink 1944 im kalifornischen Oakland kreiert haben.

(*Siehe »Die alkoholfreien Getränke«, Seite 150/151)

Piña Colada

6 cl Weißer-Rum-Alternative* (z. B. Lyre's White Cane)
10 cl Ananassaft
2 cl Kokossirup
2 cl Sahne

Ananasstücke
1 Kirsche

ZUBEREITUNG

1. Ein großes Glas zur Hälfte mit zerschlagenem Eis füllen.
2. Die Zutaten im Elektromixer durchmixen.
3. In das vorbereitete Glas gießen.
4. Mit einem Barlöffel vermischen.
5. Das Glas mit zerschlagenem Eis auffüllen.
6. Mit Ananasstücken und der Kirsche garnieren.
7. Trinkhalme dazugeben.

INFO

Im Jahr 1948 wurde in der Dominikanischen Republik erstmals ein Kokosnusskonzentrat hergestellt, und dadurch wurde die **Piña Colada** bekannt. Seit 1974 war diese Cocos-Cream auch bei uns erhältlich, und ab 1978 kamen zahlreiche Sirupsorten, darunter auch Kokossirup, auf den Markt. Damit begann das neue Zeitalter der Mixgetränke, und man konnte nun auch den inzwischen international gewordenen Klassiker Piña Colada mixen. Für die alkoholfreie Variante wird lediglich der Rum durch eine Rum-Alternative* ersetzt.

(*Siehe »Die alkoholfreien Getränke«, Seite 150/151)

Planter's Punch

6 cl Rum-Alternative* (z. B. Lyre's Dark Cane)
1–2 cl Grenadinesirup
4 cl Ananassaft
4 cl frisch gepresster Orangensaft
4 cl frisch gepresster Grapefruitsaft

1 Ananasstück
1 Orangenscheibe
1 Kirsche

ZUBEREITUNG

1. Eiswürfel in ein großes Glas geben.
2. Eiswürfel in das Shaker-Unterteil geben.
3. Alle Zutaten dazugeben.
4. Shaker schließen und schütteln.
5. Den Drink durch ein Barsieb in das vorbereitete Glas abgießen.
6. Mit Ananasstück, Orangenscheibe und Kirsche garnieren.
7. Trinkhalm dazugeben.

INFO

Für diesen berühmten Karibik-Drink sind unzählige Rezepte bekannt. Mit zueinanderpassenden Säften und einem Sirup lässt sich immer eine neue Basis herstellen. Für die alkoholfreie Variante wird der Rum durch eine Rum-Alternative* ersetzt.

(*Siehe »Die alkoholfreien Getränke«, Seite 150/151)

Sex on the Beach

2–3 cl Cranberrysirup
4 cl frisch gepresster Orangensaft
6 cl Pfirsichnektar
8 cl Ananassaft

Pfirsichspalten
1 Minzezweig

ZUBEREITUNG

1. Eiswürfel in ein Longdrinkglas oder einen Tiki-Becher geben.
2. Eiswürfel in das Shaker-Unterteil geben.
3. Den Sirup und die Säfte in den Shaker gießen.
4. Shaker schließen und schütteln.
5. Den Drink durch ein Barsieb in das Glas oder den Tiki-Becher abgießen.
6. Mit Pfirsichspalten und einem Minzezweig garnieren.
7. Trinkhalm dazugeben.

INFO

Das Angebot an Pfirsichlikören war immer sehr übersichtlich. Als diese jedoch in den späten 1980er-Jahren eine Renaissance erlebten, wurden Mixrezepte mit Pfirsichlikör zum Hit. Vorreiter war der US-Drink **Sex on the Beach**, der von Kalifornien aus die Cocktailwelt eroberte und zu einer der erfolgreichsten Drink-Kreationen der neueren Zeit wurde. Der fruchtige Geschmack des Originals ist von Pfirsichlikör und Cranberry Juice geprägt, und auch die alkoholfreie Variante basiert auf dieser Geschmackskomposition.

KLASSIKER

Tom Collins

6 cl Gin-Alternative*
3 cl frisch gepresster Zitronensaft
2 cl Zuckersirup
Kaltes Sodawasser*

Zitronenschale
1 Cocktailkirsche

ZUBEREITUNG

1. Eiswürfel in ein Longdrinkglas geben.
2. Eiswürfel in das Shaker-Unterteil geben.
3. Gin-Alternative*, Zitronensaft und Zuckersirup hinzufügen.
4. Shaker schließen und schütteln.
5. Durch ein Barsieb in das Longdrinkglas abgießen.
6. Mit etwas Sodawasser* auffüllen.
7. Mit einem Barlöffel umrühren.
8. Mit Zitronenschale und Cocktailkirsche garnieren.
9. Trinkhalm dazugeben.

INFO

Der **Tom Collins** ist nah verwandt mit dem Sour und dem Fizz, die Grundrezepte waren schon vor 1900 bekannt. Sie folgen der klassischen Vorgabe »Spirituose-süß-sauer«, die bekanntesten Drinks dieser Gruppen sind Tom Collins und Gin Fizz auf Gin-Basis sowie der Whiskey Sour. Heutzutage werden viele Drinks dieser Gruppen auch mit anderen Spirituosen und Likören gemixt, und oft wird etwas Orangensaft dazugegeben. Dank der Entwicklung der *non-alcoholic spirits* kann man diese Klassiker nun auch alkoholfrei genießen.

(*Siehe »Die alkoholfreien Getränke«, Seite 150/151)

Virgin Mary

1 Barlöffel Zitronensaft (0,5 cl)
Frisch gemahlener Pfeffer
Selleriesalz
2 Spritzer Tabasco
3–5 Spritzer Worcestershiresauce
20 cl Tomatensaft

Stangensellerie

ZUBEREITUNG

1. Die Gewürze und den Zitronensaft in ein Longdrinkglas geben.
2. Den Tomatensaft dazugeben.
3. Mit einem Barlöffel gut verrühren.
4. Eiswürfel dazugeben.
5. Mit einem Barlöffel nochmals umrühren.
6. Stangensellerie dazugeben.

INFO

Die Harry's New York Bar in Paris ist der Geburtsort der **Bloody Mary**. Dort mischte im Jahr 1921 der Barkeeper Fernand Petiot »Pete« Wodka mit Tomatensaft und Gewürzen. Bald stellte sich heraus, dass dieser würzige Drink auch ohne Wodka ein Genuss war.
Eine asiatische Nuance erhält die **Virgin Mary**, wenn man die klassische Würzmischung mit Sojasauce oder Wasabi verändert oder erweitert. Auch hier zählt der persönliche Geschmack, und alles ist erlaubt.

APERITIF

Americano

4 cl Bitter (z. B. Riemerschmid)
4 cl Vermouth-Rosso-Alternative*
Kaltes Sodawasser*

Orangenschale

ZUBEREITUNG

1. Eiswürfel in ein Highballglas geben.
2. Bitter und Vermouth-Rosso-Alternative* dazugießen.
3. Nach Belieben mit Sodawasser* auffüllen.
4. Mit einem Barlöffel leicht umrühren.
5. Mit der Orangenschale abspritzen und diese dazugeben.
6. Einen Stirrer dazugeben.

INFO

Der **Americano** entstand in den 1860er-Jahren in Gaspare Camparis Bar in Mailand und war ursprünglich als »Milano Torino« bekannt. Oft ist zu lesen, dass er seinen Namen durch die amerikanischen Touristen erhielt. Es ist aber wahrscheinlicher, dass dieser eine Ableitung des italienischen Worts *amaricante* ist, der Bezeichnung für Bitterstoffe. In Italien werden Bitter schon lange auch ohne Alkohol hergestellt, und durch die Entwicklung der Vermouth-Alternativen* sind alle Zutaten für einen alkoholfreien Americano verfügbar. Der Original-Americano ist einer der großen Aperitif-Klassiker, und durch die Zugabe von Gin wurde er zum ebenfalls weltbekannten **Negroni**. Auch dieser lässt sich nun mit einer Gin-Alternative* alkoholfrei mixen.

(*Siehe »Die alkoholfreien Getränke«, Seite 150/151)

Bellini

Pfirsichpüree aus weißem Weinbergpfirsich
Kalter alkoholfreier Schaumwein

1 Pfirsichspalte

ZUBEREITUNG

1. Einen weißen Pfirsich schälen und pürieren.
2. Zwei Esslöffel Pfirsichpüree in ein großes Sektglas geben.
3. Langsam mit der gewünschten Menge alkoholfreiem Schaumwein aufgießen.
4. Dabei mit einem Barlöffel umrühren.
5. Die Pfirsichspalte auf den Glasrand stecken.

INFO

Der **Bellini** ist einer der einfachsten Drinks, das Rezept wird Giuseppe Cipriani zugeschrieben. Dieser eröffnete 1931 in Venedig die Harry's Bar, und zu jener Zeit servierte man Spumante gerne mit Pfirsichstücken. Cipriani versuchte es mit Pfirsichpüree und kreierte damit diesen heute weltbekannten Drink. Da die in Norditalien wachsenden weißen Pfirsiche jedoch nicht immer und überall erhältlich sind, werden auch andere Sorten oder fertiges Pfirsichpüree (alternativ auch Pfirsichnektar) verwendet.

Eine beliebte Variante ist der **Rossini**, der mit Erdbeerpüree zubereitet wird.

APERITIF

Berry White

2 cl Himbeersirup
8 cl alkoholfreier Weißwein
10 cl Sodawasser*

3 Himbeeren
3 Brombeeren

ZUBEREITUNG

1. Ein Longdrinkglas zur Hälfte mit zerschlagenem Eis füllen.
2. Himbeersirup, Weißwein und Sodawasser* hinzugeben.
3. Mit einem Barlöffel vermischen.
4. Einige Beeren hineingeben.
5. Das Glas mit zerschlagenem Eis auffüllen.
6. Einige Beeren als Garnitur auf den Drink geben.
7. Einen Trinkhalm dazugeben.

TIPP

Dieser spritzige Drink ist ein Allrounder vom Mittags-Aperitif bis in den Abend, und die Beeren sind – frisch oder tiefgefroren – immer verfügbar.

(*Siehe »Die alkoholfreien Getränke«, Seite 150/151)

Cosmopolitan

4 cl Orangen-Liqueur-Alternative* (z. B. Lyre's Orange Sec)
2 cl frisch gepresster Limettensaft
2 cl frisch gepresster Orangensaft
4 cl Cranberrynektar

Dünne Limettenschalenspirale

ZUBEREITUNG

1. Eiswürfel in das Shaker-Unterteil geben.
2. Alle Zutaten dazugeben.
3. Shaker schließen und kräftig schütteln.
4. Den Drink durch ein Barsieb in ein gefrostetes Cocktailglas abgießen.
5. Mit der Limettenschalenspirale garnieren.

INFO

Das Original dieser relativ jungen Kreation entstand in den späten 1990er-Jahren in New York und wurde durch die US-Fernsehserie *Sex and the City* bekannt. Seine alkoholische Basis ist Wodka, wobei diese neutral schmeckende Spirituose in der alkoholfreien Variante nicht vermisst wird.

(*Siehe »Die alkoholfreien Getränke«, Seite 150/151)

APERITIF

Gimlet

6 cl Gin-Alternative* (z. B. Windspiel)
2 cl Rose's Lime Juice Cordial
1 cl frisch gepresster Limettensaft

2 Limettenschalen

ZUBEREITUNG

1. Eiswürfel in das Shaker-Unterteil geben.
2. Alle Zutaten dazugeben.
3. Shaker schließen und schütteln.
4. Den Drink durch ein Barsieb in ein gefrostetes Cocktailglas abgießen.
5. Mit der einen Limettenschale abspritzen und die zweite Limettenschale frisch dazugeben.

INFO

Rose's Lime Juice Cordial ist kein Saft, sondern ein spezieller Limettensirup. 1865 entwickelt, war er der erste konservierte Fruit Drink überhaupt.

(*Siehe »Die alkoholfreien Getränke«, Seite 150/151)

Hugo

2–3 cl Holunderblütensirup
5 cl Sodawasser*
10 cl alkoholfreier Schaumwein

2 Minzezweige
1 Limettenkeil
1 Holunderblüte

ZUBEREITUNG

1. Die Minzezweige in ein mittelgroßes Weinglas geben und mit einem Stößel leicht andrücken.
2. Eiswürfel in das Glas geben und den Sirup dazugießen.
3. Mit Sodawasser* und Schaumwein aufgießen.
4. Den Limettenkeil darüber ausdrücken und hineingeben.
5. Mit einem Barlöffel leicht umrühren.
6. Wenn vorhanden, eine Holunderblüte dazugeben.

INFO

Der große Erfolg der Spritz-Drinks führte zu zahlreichen weiteren Kreationen, und das heute vorhandene reichhaltige Sirupangebot eröffnet zahlreiche Möglichkeiten zur Entwicklung neuer Rezepte. Der bevorzugte Geschmack lässt sich problemlos herstellen, und die Spritzigkeit ist immer gegeben.

(*Siehe »Die alkoholfreien Getränke«, Seite 150/151)

APERITIF

Italian Blossom

4 cl Bitter (z. B. Riemerschmid)
4 cl frisch gepresster Orangensaft
4 cl klare Zitronenlimonade
8 cl alkoholfreier Schaumwein

1 Orangenkeil

ZUBEREITUNG

1. Eiswürfel in ein großes Weinglas geben.
2. Bitter, Orangensaft und Zitronenlimonade dazugießen.
3. Mit der gewünschten Menge Schaumwein aufgießen.
4. Mit einem Barlöffel umrühren.
5. Einen Orangenkeil dazugeben.

INFO

Dieser Aperitif versinnbildlicht die Lebensauffassung der europäischen Mittelmeerländer und steht für die Lebendigkeit dieser Regionen. Zum immer präsenten Wein gesellen sich in Frankreich, Griechenland und Spanien die Anis-Getränke und in Italien die meist roten Bitter-Aperitifs. Sie werden zwar als »Bitter« bezeichnet, sind jedoch keine Bitter im herkömmlichen Sinn. Die Bezeichnung »Bitter-Aperitifs« kommt ihrem Charakter näher. Egal wie, man trinkt sie klassisch mit Sodawasser*, mit Orangensaft oder Schaumwein oder wie beim Italian Blossom mit einer Mischung daraus. Seit jeher gibt es die Bitter-Aperitifs auch alkoholfrei, und vielfach werden diese in kleinen Fläschchen als fertige Drinks mit Sodawasser* angeboten.

Azzurro Bacio

3 cl Blue-Curaçao-Sirup
2 cl frisch gepresster Limettensaft
10 cl alkoholfreier Schaumwein

ZUBEREITUNG

1. Eiswürfel in das Shaker-Unterteil geben.
2. Blue-Curaçao-Sirup und Limettensaft hinzufügen.
3. Shaker schließen und schütteln.
4. Durch ein Barsieb in ein großes Sektglas abgießen.
5. Mit Schaumwein aufgießen.

INFO

Der »Blaue Kuss« ist spritzig, süß-säuerlich, ein idealer Drink für den Nachmittag und den frühen Abend. Die alkoholfreie Variante mit Blue-Curaçao-Sirup steht dem Original in nichts nach.

Contessa Negroni

4 cl Gin-Alternative* (z. B. Laori Juniper No 1)
6 cl Sanbittèr
8 cl alkoholfreier Schaumwein

3 grüne Oliven

ZUBEREITUNG

1. Eiswürfel in ein Weißweinglas geben.
2. Gin-Alternative* und Sanbittèr dazugeben.
3. Mit Schaumwein aufgießen.
4. Mit einem Barlöffel verrühren.
5. Einen Cocktailspieß mit drei Oliven dazugeben.

INFO

Sanbittèr wurde 1961 von San Pellegrino eingeführt. Es besteht aus kohlensäurehaltigem Wasser, Zucker, Aromen und Farbstoff. Die kleinen Fläschchen stehen als Sinnbild für den kleinen Bitter-Aperitif. Noch nicht so bekannt sind der wasserhelle Sanbittèr Dry und einige weitere Sorten.

(*Siehe »Die alkoholfreien Getränke«, Seite 150/151)

French 75

3 cl Gin-Alternative*
2 cl frisch gepresster Zitronensaft
1 cl Zuckersirup
10 cl alkoholfreier Schaumwein

Zitronenschale

ZUBEREITUNG

1. Eiswürfel in das Shaker-Unterteil geben.
2. Gin-Alternative*, Zitronensaft und Zuckersirup dazugeben.
3. Shaker schließen und schütteln.
4. Durch ein Barsieb in ein Sektglas abgießen.
5. Mit Schaumwein aufgießen.
6. Die Zitronenschale dazugeben.

INFO

Das Originalrezept des **French 75** wurde in Frankreich in den 1920er-Jahren populär. Benannt wurde dieser frisch-herbe Drink nach der 75-mm-Kanone, einem im Ersten Weltkrieg auf französischer Seite eingesetzten Feldgeschütz. Für die alkoholfreie Variante werden Gin und Champagner 1 : 1 ersetzt.

(*Siehe »Die alkoholfreien Getränke«, Seite 150/151)

Mandarimosa

8 cl Mandarinensaft
1 cl Lavendelsirup
10 cl kalter alkoholfreier Schaumwein

ZUBEREITUNG

1. Den Mandarinensaft in ein großes gefrostetes Sektglas geben.
2. Mit kaltem Schaumwein aufgießen.
3. Den Lavendelsirup dazugießen.

INFO

Der Lavendel stammt ursprünglich aus dem Mittelmeerraum, und die Essenz aus den violetten Blüten der Pflanze wird als Duftstoff in der Parfümherstellung geschätzt. Auch in der mediterranen Küche wird Lavendel oft verwendet. Er verleiht dem Sirup seine lila Farbe und das blumige Aroma.

Peach Velvet

4 cl Pfirsichnektar
1 cl Grenadinesirup
4 cl frisch gepresster Orangensaft
8 cl alkoholfreier Schaumwein

1 Pfirsichspalte

ZUBEREITUNG

1. Eiswürfel in das Shaker-Unterteil geben.
2. Pfirsichnektar, Grenadinesirup und Orangensaft hineingießen.
3. Shaker schließen und schütteln.
4. Durch ein Barsieb in eine große Cocktailschale abgießen.
5. Mit Schaumwein aufgießen.
6. Die Pfirsichspalte an den Glasrand stecken.

INFO

Ein fruchtig-prickelnder Drink, der zu jedem Anlass passt. Er ist ohne großen Aufwand schnell gemixt; für die alkoholfreie Variante wurden Pfirsichlikör und Sekt durch Pfirsichnektar und alkoholfreien Schaumwein ersetzt.

PRICKELND

Rhubarb Rosé

3 cl frisch gepresster Pink-Grapefruit-Saft
1 cl frisch gepresster Zitronensaft
2 cl Rhabarbersirup (Riemerschmid)
10 cl alkoholfreier Schaumwein

1 Grapefruitscheibe

ZUBEREITUNG

1. Eiswürfel in ein großes Stielglas geben.
2. Eiswürfel in das Shaker-Unterteil geben.
3. Pink-Grapefruit-Saft, Zitronensaft und Rhabarbersirup dazugießen.
4. Shaker schließen und schütteln.
5. Durch ein Barsieb in das Glas abgießen.
6. Mit dem Schaumwein aufgießen.
7. Mit einem Barlöffel vermischen.
8. Mit der Grapefruitscheibe garnieren.
9. Trinkhalm dazugeben.

INFO

Rhabarbersirup ist eine sehr interessante Sirupsorte. Sein meist nur von Kuchen und Kompott bekannter Geschmack verleiht auch Mixdrinks eine interessante Note.

Zitronen-Ingwer-Spritz

3 cl Zitrone-Ingwer-Lemongras-Sirup (Riemerschmid)
3 cl frisch gepresster Limettensaft
10 cl alkoholfreier Schaumwein

Dünne Ingwerscheiben
1 Halm Zitronengras

ZUBEREITUNG

1. Eiswürfel in ein Weinglas geben.
2. Den Sirup und den Limettensaft dazugießen.
3. Die Ingwerscheiben hineingeben.
4. Alles mit einem Barlöffel verrühren.
5. Mit Schaumwein aufgießen.
6. Nochmals umrühren.
7. Das Zitronengras dazugeben.

INFO

Der **Zitrone-Ingwer-Lemongras-Sirup** ist einzigartig und wird nur von der Firma Riemerschmid hergestellt. Das 1835 in München als Likörfabrik gegründete Unternehmen begann 1978 als Erstes mit einer nennenswerten Sirupproduktion, und seither ist Riemerschmid Deutschlands größter Siruphersteller.

SPRITZIG

Caribbean Mule

6 cl Rum-Alternative* (z. B. Lyre's Spiced Cane)
2 cl Zuckersirup
2 cl frisch gepresster Limettensaft
10 cl Ginger Beer

1 Limettenkeil
1 Minzezweig

ZUBEREITUNG

1. Eiswürfel in einen Kupferbecher oder ein Longdrinkglas geben.
2. Eiswürfel in das Shaker-Unterteil geben.
3. Rum-Alternative*, Zuckersirup und Limettensaft dazugeben.
4. Shaker schließen und schütteln.
5. Durch ein Barsieb in den Kupferbecher oder in das Longdrinkglas abgießen.
6. Mit Ginger Beer aufgießen.
7. Mit dem Limettenkeil und dem Minzezweig garnieren.
8. Einen Stirrer dazugeben.

INFO

In seinem Ursprungsland Großbritannien ist **Ginger Beer** seit dem 18. Jahrhundert bekannt, und die britischen Kolonisten brachten ihre Rezepte mit in die USA. Ginger Beer besitzt einen kräftigen Ingwergeschmack und ist bis heute in den USA eine beliebte Limonade. In Abwandlung davon entstand die mildere Variante **Ginger Ale**.

(*Siehe »Die alkoholfreien Getränke«, Seite 150/151)

Citrus Crushed

4 Kumquats
¼ Limette
2 Barlöffel brauner Zucker
2 cl Rose's Lime Juice Cordial
4–6 cl Gin-Alternative*
10 cl Ginger Ale

ZUBEREITUNG

1. Die Kumquats halbieren und mit dem Limettenviertel in einen Tumbler geben.
2. Mit einem Stößel leicht andrücken.
3. Braunen Zucker, Rose's Lime Juice Cordial und Gin-Alternative* dazugeben.
4. Mit einem Barlöffel vermischen.
5. Zerschlagenes Eis dazugeben.
6. Mit Ginger Ale aufgießen.
7. Das Glas mit zerschlagenem Eis auffüllen.
8. Trinkhalme dazugeben.

INFO

Die orangefarbenen **Kumquats** gehören zu den Zitruspflanzen und sind auch als »Zwergorangen« bekannt. Sie schmecken säuerlich-süß und werden mit der Schale gegessen.

(*Siehe »Die alkoholfreien Getränke«, Seite 150/151)

Cucumber Lemonade

1 Stück Salatgurke, ca. 5 Zentimeter lang
1 Stück Ingwer, daumendick, 1 Zentimeter lang,
   geschält und in Scheiben geschnitten
1 Prise Salz
2 cl Zitrone-Ingwer-Lemongras-Sirup (Riemerschmid)
2 cl frisch gepresster Zitronensaft
10 cl Sodawasser*

1 langer Gurkenstreifen
1 Halm Zitronengras

ZUBEREITUNG

1. Salatgurke und Ingwer mit dem Salz im Elektromixer pürieren.
2. Eiswürfel in ein großes Glas geben.
3. Einige Eiswürfel in das Shaker-Unterteil geben.
4. Zwei Esslöffel Gurken-Ingwer-Püree dazugeben.
5. Zitronen-Ingwer-Lemongras-Sirup und Zitronensaft dazugießen.
6. Shaker schließen und schütteln.
7. Durch ein Barsieb in das vorbereitete Glas abgießen.
8. Mit Sodawasser* auffüllen und mit einem Barlöffel vermischen.
9. Mit dem Gurkenstreifen und dem Zitronengras garnieren
   und Trinkhalm dazugeben.

TIPP

Dieses Rezept zu mixen ist nicht so schwierig, wie es den Anschein hat. Die Mengenangaben der Zutaten sollen als Basis gelten, doch letztendlich entscheidet der persönliche Geschmack.

(*Siehe »Die alkoholfreien Getränke«, Seite 150/151)

Granatapfel-Spritz

2 cl Granatapfelsirup
1 cl Agavensirup
3 cl frisch gepresster Limettensaft
4 cl Sodawasser*
8 cl alkoholfreier Schaumwein

1 Esslöffel Granatapfelkerne
Orangenschale

ZUBEREITUNG

1. Eiswürfel in ein großes Weinglas geben.
2. Die Sirupe und den Limettensaft dazugießen.
3. Mit einem Barlöffel gut vermischen.
4. Das Sodawasser* und den Schaumwein dazugießen.
5. Granatapfelkerne und Orangenschale dazugeben.
6. Nochmals umrühren.

INFO

Agaven sind weltweit in frostfreien Regionen zu finden, ihr Ursprungs- und Hauptverbreitungsgebiet ist Mittelamerika. In Mexiko sind die bekanntesten, aus dem Stamm (Piña) der Agaven gewonnenen Getränke das nur leicht alkoholische Nationalgetränk Pulque und die Spirituose Mezcal. Agavensirup (Dicksaft) ist intensiv süß, goldgelb-klar, in seinem Aroma finden sich Noten von Zitrusfrüchten und Gewürzen.

(*Siehe »Die alkoholfreien Getränke«, Seite 150/151)

SPRITZIG

Ipanema

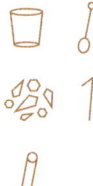

1 Limette
2 Barlöffel brauner Rohrzucker
20 cl Ginger Ale

ZUBEREITUNG

1. Die Limette in acht Teile schneiden und in einen großen Tumbler geben.
2. Mit einem Stößel andrücken.
3. Den Rohrzucker und etwas Ginger Ale dazugeben.
4. Mit einem Barlöffel vermischen.
5. Das Glas halb mit zerschlagenem Eis füllen.
6. Mit dem Barlöffel nochmals vermischen.
7. Mit Ginger Ale aufgießen.
8. Mit dem Barlöffel nochmals vermischen.
9. Das Glas komplett mit zerschlagenem Eis auffüllen und Trinkhalme dazugeben.

INFO

Ipanema heißt ein berühmter Stadtstrand in Rio de Janeiro. Dieser spritzige Drink ist eine Variante des berühmten Nationaldrinks Caipirinha und zählt seit Jahren zu den international beliebtesten alkoholfreien Drinks. Zum Erfolg des Ipanema trug sicher auch bei, dass sich die Komponenten süß und sauer auch im bereits fertig gemixten Drink problemlos ausgleichen lassen.

Karotten-Spritz

4 cl Karottensaft
2 cl frisch gepresster Zitronensaft
1 cl Vanillesirup
10 cl Ginger Ale

1 langer Karottenstreifen
1 Petersilienzweig

ZUBEREITUNG

1. Eiswürfel in ein Longdrinkglas geben.
2. Eiswürfel in das Shaker-Unterteil geben.
3. Karottensaft, Zitronensaft und Vanillesirup dazugießen.
4. Shaker schließen und schütteln.
5. Durch ein Barsieb in das vorbereitete Glas abgießen.
6. Mit Ginger Ale auffüllen.
7. Mit einem Barlöffel leicht umrühren.
8. Mit dem Karottenstreifen und dem Petersilienzweig garnieren.
9. Trinkhalm dazugeben.

INFO

Die bekanntesten **Gemüsesäfte** sind Tomaten-, Karotten- und Rote Bete-Saft. Frisch hergestellt oder als Fertigprodukt gekauft sind sie beliebt und vielseitig verwendbar. In der heutigen Zeit erfuhren die einst klassischen Gesundheits-Drinks eine Veränderung bis hin zum spritzigen Longdrink.

SPRITZIG

Méditerranée

4 cl Gin-Alternative*
2 cl Blue-Curaçao-Sirup
Kaltes Bitter Lemon

1 Orangenkeil

ZUBEREITUNG

1. Eiswürfel in ein Longdrinkglas geben.
2. Gin-Alternative* und Blue-Curaçao-Sirup hineingießen.
3. Mit Bitter Lemon in der gewünschten Menge auffüllen.
4. Mit einem Barlöffel umrühren.
5. Den Orangenkeil dazugeben.
6. Trinkhalm dazugeben.

INFO

Ab den 1970er-Jahren wurde die Farbe Blau auch bei den Mixgetränken salonfähig. Ab 1978 wurde **Blue Curaçao** auch als Sirup angeboten und ermöglichte es somit, dass diese Farbe auch bei alkoholfreien Drinks zum Zuge kam.

(*Siehe »Die alkoholfreien Getränke«, Siehe 150/151)

Stiletto-Spritz

¼ rote Paprika
4 cl Weiße Vermouth-Alternative* (z. B. Martini Floreale)
1 cl Holunderblütensirup
10 cl Tonic Water

1 Scheibe rote Paprika

ZUBEREITUNG

1. Ein Viertel einer roten Paprika in kleine Würfel schneiden und in das Shaker-Unterteil geben.
2. Mit einem Stößel andrücken.
3. Eiswürfel in das Shaker-Unterteil geben.
4. Vermouth-Alternative* und Holunderblütensirup dazugeben.
5. Shaker schließen und schütteln.
6. Eiswürfel in ein Weinglas geben.
7. Den Inhalt des Shakers durch ein Barsieb in das Glas abgießen.
8. Mit Tonic Water auffüllen und mit einem Barlöffel umrühren.
9. Eine Paprikascheibe und einen Trinkhalm in den Drink geben.

INFO

Holunderbeeren und -blüten werden seit jeher vielfach genutzt, und auch der Sirup ist seit Langem bekannt. Er fristete jedoch ein eher tristes Dasein und erfuhr erst ab dem Beginn der 2000er-Jahre durch das Mischgetränk Hugo großen Zuspruch.

(*Siehe »Die alkoholfreien Getränke«, Seite 150/151)

White-Lavender-Tonic

1 cl Lavendelsirup
2 cl Rose's Lime Juice Cordial
6 cl kalter weißer Tee
10 cl Tonic Water

Lavendelhalm

ZUBEREITUNG

1. Eiswürfel in ein Longdrinkglas geben.
2. Lavendelsirup, Lime Juice Cordial und weißen Tee hineingießen.
3. Mit einem Barlöffel verrühren
4. Mit Tonic Water aufgießen.
5. Einen Lavendelhalm dazugeben.
6. Trinkhalm dazugeben.

INFO

Weißer Tee ist eine Spezialität, bei der – ähnlich wie beim grünen Tee – der Fermentationsprozess bei der Herstellung unterbrochen wird. Die Teeblätter der verwendeten Sorten erfahren eine spezielle Behandlung, und die Qualitäten unterscheiden sich stark voneinander. Weißer Tee ist mild und blumig im Geschmack und enthält nur wenig Gerbstoffe.

Alpentoni

4 cl Weiße Vermouth-Alternative* (z. B. Martini Floreale)
1 cl frisch gepresster Zitronensaft
4 cl klarer Apfelsaft
10 cl Almdudler-Kräuterlimonade
Zitronenschale

ZUBEREITUNG

1. Eiswürfel in ein Highballglas geben.
2. Vermouth-Alternative*, Zitronensaft und Apfelsaft dazugießen.
3. Mit Almdudler auffüllen.
4. Mit einem Barlöffel umrühren.
5. Mit der Zitronenschale abspritzen und diese dazugeben.
6. Trinkhalm dazugeben.

INFO

Die Kräuterlimonade **Almdudler** wurde 1957 in Wien kreiert. Sie besteht aus einem Alpenkräuterextrakt, der mit Quellwasser, Zucker und Zitronensäure gemischt und mit Kohlensäure versetzt wird. Der herbsüße Almdudler wird ohne Konservierungsmittel und künstliche Aromen hergestellt und ist mit dem europäischen Vegan-Label zertifiziert. Heute gibt es Almdudler in den Sorten Leicht, Still, Zuckerfrei, Holunder, Himbeere, Mate & Guarana, Açai & Lemongrass und auch als Sirup.

(*Siehe »Die alkoholfreien Getränke«, Seite 150/151)

Apple Highflower

½ Apfel
6 Minzeblätter
4 cl Weiße Vermouth-Alternative* (z. B. Martini Floreale)
2 cl frisch gepresster Limettensaft
1 cl Zuckersirup
10 cl Sodawasser*

1 Apfelfächer

ZUBEREITUNG

1. Den halben Apfel entkernen und in kleine Würfel schneiden.
2. Die Apfelstücke mit den Minzeblättern in das Shaker-Unterteil geben.
3. Mit einem Stößel zerdrücken.
4. Eiswürfel dazugeben.
5. Vermouth-Alternative*, Limettensaft und Zuckersirup dazugießen.
6. Shaker schließen und schütteln.
7. Eiswürfel in ein großes Glas geben.
8. Durch ein Barsieb in das Glas abgießen, mit Sodawasser* auffüllen und mit einem Barlöffel vermischen.
9. Mit dem Apfelfächer garnieren und einen Trinkhalm dazugeben.

INFO

Die Basis der **Vermouth-Alternativen*** ist alkoholfreier Wein, und ihr Herstellungsprozess entspricht dem der alkoholischen Originale. Auch der führende Vermouth-Produzent Martini bietet zwei Sorten an.

(*Siehe »Die alkoholfreien Getränke«, Seite 150/151)

Beatroot Fizz

4 cl Rote-Bete-Saft
2 cl naturtrüber Apfelsaft
2 cl frisch gepresster Zitronensaft
1 cl Zitrone-Ingwer-Lemongras-Sirup (Riemerschmid)
10 cl Ginger Beer

Minzezweig
Essbare Blüte

ZUBEREITUNG

1. Ein Longdrinkglas zur Hälfte mit zerschlagenem Eis füllen.
2. Eiswürfel in das Shaker-Unterteil geben.
3. Die Zutaten (ohne das Ginger Beer) hineingießen.
4. Shaker schließen und kräftig schütteln.
5. Durch ein Barsieb in das vorbereitete Glas abgießen.
6. Das Ginger Beer dazugeben.
7. Mit einem Barlöffel vermischen.
8. Das Glas mit zerschlagenem Eis auffüllen.
9. Mit dem Minzezweig und der essbaren Blüte garnieren und einen Trinkhalm dazugeben.

INFO

Die klassischen **Fizzes** zählen zu den bekanntesten Mixgetränken und waren die beliebtesten Bargetränke der deutschen Nachkriegszeit. Fizzes haben im Original eine einfache Struktur. Sie sind erfrischend und ideale Drinks für heiße Tage.

SPRITZIG-FRUCHTIG

Blue Movie

4 cl Rum-Alternative* (z. B. Undone No 1)
2 cl Popcornsirup
2 cl frisch gepresster Limettensaft
10 Heidelbeeren
12 cl Ginger Beer

Popcorn
Zusätzliche Heidelbeeren

ZUBEREITUNG

1. Eiswürfel in einen Becher oder Tumbler geben.
2. Heidelbeeren in das Unterteil des Shakers geben und leicht andrücken.
3. Eiswürfel in das Shaker-Unterteil geben.
4. Die Zutaten (ohne das Ginger Beer) dazugeben.
5. Shaker schließen und schütteln.
6. Direkt ohne Verwendung eines Barsiebs in den Becher oder Tumbler gießen.
7. Mit Ginger Beer aufgießen.
8. Mit einem Barlöffel vermischen.
9. Mit Popcorn und Heidelbeeren garnieren und einen Trinkhalm dazugeben.

INFO

Auch in der **Sirup-Welt** hat sich vieles bewegt: Wie man am Popcornsirup sehen kann, ist nichts unmöglich. Alles ist machbar, und die neuen Sorten eröffnen viele kreative Möglichkeiten.

(*Siehe »Die alkoholfreien Getränke«, Seite 150/151)

SPRITZIG-FRUCHTIG

Cocoberry Mojito

4 cl Rum-Alternative* (z. B. Lyre's White Cane)
2 cl frisch gepresster Limettensaft
1 cl Kokossirup
8 Himbeeren
8 Minzeblätter
8 cl Sodawasser*

Minzezweig
4 Himbeeren

ZUBEREITUNG

1. Himbeeren und Minzeblätter in einen Tumbler geben.
2. Mit einem Stößel leicht andrücken.
3. Das Glas zur Hälfte mit zerschlagenem Eis füllen.
4. Rum-Alternative*, Limettensaft und Kokossirup hineingießen.
5. Mit einem Barlöffel vermischen.
6. Das Sodawasser* dazugießen.
7. Mit dem Barlöffel nochmals vermischen.
8. Das Glas mit zerschlagenem Eis auffüllen.
9. Mit dem Minzezweig und den Himbeeren garnieren und Trinkhalme dazugeben.

INFO

Der **Mojito** ist einer der Nationaldrinks auf Kuba. Er besteht aus Rum, Zucker, Limette, Minze und Sodawasser. Die Variante **Cocoberry Mojito** präsentiert ihn mit einem Touch von Frucht und Kokos.

(*Siehe »Die alkoholfreien Getränke«, Seite 150/151)

SPRITZIG-FRUCHTIG

Cool Strawberry

2 cl Erdbeersirup
1 cl frisch gepresster Zitronensaft
8 cl Maracujanektar
10 cl Bitter Lemon

1 Erdbeere

ZUBEREITUNG

1. Eiswürfel in ein Longdrinkglas geben.
2. Eiswürfel in das Shaker-Unterteil geben.
3. Sirup, Zitronensaft und Maracujanektar dazugießen.
4. Shaker schließen und kräftig schütteln.
5. Durch ein Barsieb in das Glas abgießen.
6. Mit Bitter Lemon aufgießen.
7. Mit einem Barlöffel vermischen.
8. Die Erdbeere auf den Glasrand stecken.
9. Einen Trinkhalm dazugeben.

INFO

Schweppes – der in Hessen geborene Jacob Schweppe war der Erfinder des Soda Water. Diesem folgten 1897 das weltberühmte Tonic Water und das Ginger Ale. 1957 wurden die Bitter-Limonaden eingeführt, und das erfolgreiche Bitter Lemon wurde fast zu einem Synonym für den Namen Schweppes.

Leon's Highball

2 Minzezweige
4 cl Birnennektar
4 cl naturtrüber Apfelsaft
2 cl Holunderblütensirup
2 cl frisch gepresster Zitronensaft
10 cl Sodawasser*

1 Minzezweig
1 Birnenfächer

ZUBEREITUNG

1. Die beiden Minzezweige in ein Longdrinkglas geben.
2. Mit einem Stößel andrücken.
3. Eiswürfel in das Glas geben.
4. Die Zutaten (ohne das Sodawasser*) dazugeben.
5. Mit einem Barlöffel vermischen.
6. Mit Sodawasser* aufgießen und nochmals vermischen.
7. Mit Birnenfächer und Minzezweig garnieren.
8. Trinkhalm dazugeben.

INFO

Der klassische **Highball** war eine einfache Mischung aus Whisky oder Brandy mit Eiswürfeln und Sodawasser. Später kam das Ginger Ale dazu, und es wurde üblicherweise ein längliches Stück Zitronenschale in die Ginger-Drinks gegeben. Im weiteren Sinn zählen heute alle mit kohlensäurehaltigen Limonaden aufgefüllten Drinks zu den Highballs. In neuerer Zeit findet dieser Begriff auch Verwendung für Mixdrinks, die mit Sodawasser oder kohlensäurehaltigen Limonaden aufgefüllt werden.

(*Siehe »Die alkoholfreien Getränke«, Seite 150/151)

Passion High

 1

1 Passionsfrucht
4 cl Vermouth-Rosso-Alternative* (z. B. Martini Vibrante)
2 cl Maracujanektar
2 cl frisch gepresster Grapefruitsaft
12 cl Ginger Ale

ZUBEREITUNG

1. Eiswürfel in ein großes Glas geben.
2. Die Passionsfrucht halbieren und das Fruchtfleisch einer Hälfte dazugeben.
3. Vermouth-Rosso-Alternative*, Maracujanektar und Grapefruitsaft dazugießen.
4. Mit einem Barlöffel verrühren.
5. Mit Ginger Ale aufgießen.
6. Nochmals verrühren.
7. Die zweite Hälfte der Passionsfrucht auf den Drink setzen.
8. Trinkhalm dazugeben.

INFO

Passionsfrüchte und **Maracujas** zählen zur gleichen Art, sind aber in Aussehen und Geschmack unterschiedlich. Passionsfrüchte sind dunkelrot-violett und etwas süßlicher als die etwas größeren hellgrünen bis hellgelben, ein bisschen säuerlichen Maracujas. Wie auch immer, Maracujanektar ist eine Bereicherung des Fruchtsaftangebots, und auch direkt aus der Schale gelöffelt sind die Früchte ein Genuss.

(*Siehe »Die alkoholfreien Getränke«, Seite 150/151)

Asian Strawberry

Einige Erdbeeren
6 cl Rum-Alternative* (z. B. Lyre's Dark Cane Spirit)
2 cl frisch gepresster Zitronensaft
2 cl Erdbeersirup
8 cl Lycheenektar

1 Erdbeere

ZUBEREITUNG

1. Ein Longdrinkglas zur Hälfte mit zerschlagenem Eis füllen.
2. Alle Zutaten im Elektromixer mixen.
3. In das Glas abgießen.
4. Mit einem Barlöffel vermischen.
5. Die Erdbeere auf den Glasrand stecken.
6. Einen Trinkhalm dazugeben.

INFO

Die **Lychees** (oder Litschis) haben ihren Ursprung im südlichen China, werden heute aber weltweit in subtropischen Klimazonen angebaut. Das weiße Fruchtfleisch der Lychees ist umhüllt von einer rotbraunen, rauen Schale, und es enthält einen großen Kern. Lychees schmecken süß-säuerlich, und Lycheenektare sind milchig-trüb.

(*Siehe „Die alkoholfreien Getränke", Seite 150/151)

FRUCHTIG

Banana Royal

½ Banane
6 cl Rum-Alternative* (z. B. Lyre's Dark Cane Spirit)
8 cl Ananassaft
2 cl Sahne
2 cl Bananensirup

Bananenscheiben
Cocktailkirsche

ZUBEREITUNG

1. Ein großes Glas zur Hälfte mit zerschlagenem Eis füllen.
2. Die Zutaten im Elektromixer durchmixen.
3. In das vorbereitete Glas gießen.
4. Mit einem Barlöffel vermischen.
5. Einen Cocktailspieß mit Bananenscheiben und der Cocktailkirsche über den Glasrand legen.
6. Trinkhalme dazugeben.

INFO

Die Karibik-Drinks haben sich als eine Untergruppe der Longdrinks etabliert, und alles, was man braucht, um fruchtige Drinks zu mixen, ist in der Karibik vorhanden. Rum, Bananen, Ananas und Kokosnüsse sind für diese Drinks oft genutzte Zutaten. Durch die Entwicklung der Rum-Alternativen* lassen sich diese Rezepte nun auch ohne Alkohol umsetzen.

(*Siehe »Die alkoholfreien Getränke«, Seite 150/151)

Blue Monday

3 cl frisch gepresster Limettensaft
2 cl Blue-Curaçao-Sirup
1 cl Zitrone-Ingwer-Lemongras-Sirup (Riemerschmid)
8 cl Lycheenektar
6 cl Ananassaft

1 Limettenscheibe
1 essbare Blüte

ZUBEREITUNG

1. Eiswürfel in das Shaker-Unterteil geben.
2. Alle Zutaten dazugießen.
3. Zerschlagenes Eis in ein großes Glas geben.
4. Shaker schließen und kräftig schütteln.
5. Durch ein Barsieb in das vorbereitete Glas abgießen.
6. Mit einem Barlöffel vermischen.
7. Das Glas mit zerschlagenem Eis auffüllen.
8. Mit der Limettenscheibe und der essbaren Blüte garnieren.
9. Trinkhalme dazugeben.

INFO

Unter den neuartigen Sirup-Kreationen zählt der **Zitronen-Ingwer-Lemongras-Sirup** zu den außergewöhnlichsten. Mit dieser Komposition schuf man einen vielseitig einsetzbaren Sirup, in dessen Süße die drei Geschmacksnoten delikat eingebunden sind.

FRUCHTIG

Frozen Mango Margarita

1

6 cl Mezcal-Alternative* (z. B. Fluère Smoked Agave)
4 cl Orangen-Liqueur-Alternative* (z. B. Lyre's Orange Sec)
2 cl frisch gepresster Limettensaft
8 Stücke gefrorene Mango (zusammen ca. 120 g)

1 Limettenscheibe

ZUBEREITUNG

1. Alle Zutaten in einen Elektromixer geben.
2. Den Mixer laufen lassen, bis die Mangostücke gleichmäßig püriert sind.
3. Direkt in eine große Cocktailschale gießen.
4. Mit der Limettenscheibe garnieren.
5. Trinkhalme dazugeben.

INFO

Der **Mangobaum**, ursprünglich in Südasien im tropischen Regenwald beheimatet, wächst heute überall in warmen Zonen. In Europa gedeiht er jedoch nur in Südspanien an der Costa del Sol. Die Mango ist in Asien eine der wichtigsten Obstsorten, und es werden jährlich über 50 Millionen Tonnen davon geerntet. Die mehrfarbigen, bis zu zwei Kilogramm schweren Früchte haben einen großen, flachen Kern und ein süßliches gelb-goldenes Fruchtfleisch.

(*Siehe »Die alkoholfreien Getränke«, Seite 150/151)

Kiwi Blossom

½ Kiwi, geschält
4 cl Gin-Alternative* (z. B. Siegfried Wonderleaf)
2 cl frisch gepresster Limettensaft
1 cl Zuckersirup
1 frischer Thymianzweig

Zusätzliche Kiwischeiben
1 zusätzlicher frischer Thymianzweig

ZUBEREITUNG

1. Die halbe geschälte Kiwi zerteilen.
2. Die Kiwistücke und alle weiteren Zutaten in das Shaker-Unterteil geben und mit einem Stößel leicht andrücken.
3. Eiswürfel dazugeben.
4. Shaker schließen und kräftig schütteln.
5. Zerschlagenes Eis in ein großes Glas (Longdrinkglas) geben.
6. Den Drink durch ein Barsieb in das Glas abgießen.
7. Mit einem Barlöffel vermischen.
8. Das Glas komplett mit zerschlagenem Eis auffüllen.
9. Mit Kiwischeiben und dem zweiten Thymianzweig garnieren und Trinkhalm dazugeben.

INFO

Die **Kiwifrucht** oder auch »Chinesische Stachelbeere« war ursprünglich in China beheimatet. Die saftigen Früchte sind wahre Vitamin-C-Bomben und seit den 1980er-Jahren auch bei uns ganzjährig erhältlich.

(*Siehe »Die alkoholfreien Getränke«, Seite 150/151)

FRUCHTIG

Orange Velvet

 1

1–2 cl Mandelsirup
8 cl Maracujanektar
8 cl frisch gepresster Orangensaft
2 cl Sahne

1 Orangenscheibe

ZUBEREITUNG

1. Eiswürfel in ein Longdrinkglas geben.
2. Eiswürfel in das Shaker-Unterteil geben.
3. Die Zutaten hineingießen.
4. Den Shaker schließen und kräftig schütteln.
5. Durch ein Barsieb in das Glas abgießen.
6. Die Orangenscheibe auf den Glasrand stecken.
7. Trinkhalm dazugeben.

INFO

Als in den 1980er-Jahren Bewegung in das Saft- und Sirupangebot kam, entstanden viele neue Rezepte und auch die alkoholfreien Drinks profitierten von dem erweiterten Angebot.

Slushberry

12 cl alkoholfreier Rotwein
2 cl Orangen-Liqueur-Alternative* (z. B. Lyre's Orange Sec)
2 cl Beerensirup nach Wahl
120 g tiefgekühlte Erdbeeren, Himbeeren,
    Johannisbeeren oder eine Beerenmischung

Ein paar frische Beeren, gemischt

ZUBEREITUNG

1. Alle Zutaten mit etwas zerschlagenem Eis in einen Elektromixer geben.
2. Den Mixer laufen lassen, bis eine sämige Flüssigkeit entstanden ist.
3. In ein großes Glas abgießen.
4. Mit gemischten Beeren garnieren.
5. Trinkhalm dazugeben.

INFO

Beeren sind auch außerhalb der Erntezeiten erhältlich, und Slushberry-Drinks haben immer Saison. Die Rezepte sind sehr variabel, und sie eignen sich perfekt als Nachmittags-Drinks.

(*Siehe »Die alkoholfreien Getränke«, Seite 150/151)

FRUCHTIG

Swimmingpool

2 cl Kokossirup
2 cl Sahne
14 cl Ananassaft
2 cl Blue-Curaçao-Sirup

1 Ananasstück
1 Cocktailkirsche

ZUBEREITUNG

1. Zerschlagenes Eis in einen großen Tumbler geben.
2. Eiswürfel in das Shaker-Unterteil geben.
3. Kokossirup, Sahne und Ananassaft dazugießen.
4. Shaker schließen und schütteln.
5. Durch ein Barsieb in den vorbereiteten Tumbler abgießen.
6. Mit einem Barlöffel vermischen.
7. Den Blue-Curaçao-Sirup darüberträufeln.
8. Mit Ananas und Cocktailkirsche garnieren.
9. Trinkhalm dazugeben.

TIPP

Dieses Rezept liest sich aufwendiger, als es ist. Ob der Drink mit Eiswürfeln geschüttelt oder mit Eiswürfeln oder zerschlagenem Eis im Elektromixer zubereitet wird, ist sekundär. Ebenfalls die Frage, ob man Eiswürfel oder zerschlagenes Eis in das Trinkglas gibt. Außerdem kann man den Blue-Curaçao-Sirup natürlich auch gleich mit in den Mixer geben.

FRUCHTIG

Wood Passion

4 cl Gin-Alternative* (z. B. Laori Juniper No 1)
4 cl Maracujanektar
2 cl frisch gepresster Zitronensaft
1 cl Waldmeistersirup

Zitronenschale

ZUBEREITUNG

1. Eiswürfel in das Shaker-Unterteil geben.
2. Alle Zutaten dazugießen.
3. Shaker schließen und kräftig schütteln.
4. Durch ein Barsieb in eine vorgekühlte Cocktailschale abgießen.
5. Die Zitronenschale dazugeben.

INFO

Waldmeistersirup trägt das Aroma des gleichnamigen Krauts, und dessen Inhaltsstoff Cumarin prägt sein Aroma und den Geschmack. Jedes Kind kennt die grüne Götterspeise (»Wackelpudding«) mit Waldmeistergeschmack, und auch für Speiseeis und Sirup wird Waldmeister gerne verwendet.

(*Siehe »Die alkoholfreien Getränke«, Seite 150/151)

FRUCHTIG

Afternoon Ice Tea

2 cl Bergamottesirup
1 cl frisch gepresster Zitronensaft
3 cl frisch gepresster Orangensaft
8 cl kalter starker Schwarztee
1 Barlöffel Orangenmarmelade
6 cl Tonic Water

Zitronenschale

ZUBEREITUNG

1. Eiswürfel in ein Longdrinkglas geben.
2. Eiswürfel in das Shaker-Unterteil geben.
3. Die Zutaten (ohne das Tonic Water) dazugießen.
4. Shaker schließen und schütteln.
5. Durch ein Barsieb in das Longdrinkglas abgießen.
6. Mit dem Tonic Water auffüllen.
7. Mit einem Barlöffel umrühren.
8. Die Zitronenschale dazugeben.
9. Trinkhalm dazugeben.

INFO

Die Heimat der Zitrusfrucht **Bergamotte** und auch das größte Anbaugebiet dieser Bitterorangen-Variante liegt in Kalabrien, im Süden Italiens. Das aus ihren Schalen gewonnene Öl ist eine wichtige Komponente in der Parfüm- und der Kosmetikherstellung. Bergamotteöl prägt das Aroma des Earl-Grey-Tees, Bergamottemarmelade und -sirup gelten ebenfalls als Spezialitäten.

Amaretto Sour

 1

4 cl Amaretto-Sirup
2 cl frisch gepresster Zitronensaft
4 cl frisch gepresster Orangensaft

½ Orangenscheibe
1 Kirsche

ZUBEREITUNG

1. Eiswürfel in einen Tumbler geben.
2. Eiswürfel in das Shaker-Unterteil geben.
3. Alle Zutaten dazugießen.
4. Shaker schließen und kräftig schütteln.
5. Durch ein Barsieb in den Tumbler abgießen.
6. Mit der halben Orangenscheibe und der Kirsche garnieren.
7. Trinkhalm dazugeben.

INFO

Die **Amaretti** sind vollmundige süße Liköre auf der Basis von Mandelextrakten. Ihren Namen erhielten sie vom italienischen *amaro* (»bitter«), weil ursprünglich Bittermandeln dafür verwendet wurden. Dank der Sirupe und Likör-Alternativen* lässt sich dieser feine Geschmack inzwischen auch alkoholfrei erzeugen.

(*Siehe »Die alkoholfreien Getränke«, Seite 150/151)

Bloody Shandy

4 cl Blutorangensaft
2 cl Bitter (z. B. Riemerschmid)
2 frische Thymianzweige
Malztrunk

Orangenscheibe
1 zusätzlicher frischer Thymianzweig

ZUBEREITUNG

1. Eiswürfel in ein Weinglas geben.
2. Blutorangensaft, Bitter und die Thymianzweige in das Shaker-Unterteil geben.
3. Den Thymian mit einem Stößel zerdrücken.
4. Eiswürfel dazugeben.
5. Shaker schließen und schütteln.
6. Durch ein Barsieb in das Weinglas abgießen.
7. Mit Malztrunk aufgießen.
8. Mit einem Barlöffel umrühren.
9. Mit der Orangenscheibe und dem zusätzlichen Thymianzweig garnieren und einen Trinkhalm dazugeben.

INFO

Umgangssprachlich wird der **Malztrunk** oft als »Malzbier« bezeichnet, doch zwischen beiden bestehen Unterschiede: Malztrunk enthält Zucker und ist mit unter 0,5 Prozent vol. alkoholfrei. Malzbier ist mit bis zu 1,5 Prozent vol. schwach alkoholisch. Beide werden in unterschiedlichen Verfahren hauptsächlich aus Wasser, Hopfen und Gerstenmalz hergestellt.

Linus Garden

6 Rucolablätter
4 cl kalter weißer Tee
3 cl frisch gepresster Zitronensaft
2 cl Zitrone-Ingwer-Lemongras-Sirup (Riemerschmid)
10 cl Sodawasser*

Zitronenschale
Extra-Rucolablätter

ZUBEREITUNG

1. Eiswürfel in ein Longdrinkglas geben.
2. Rucolablätter, Tee, Zitronensaft und den Sirup in das Shaker-Unterteil geben.
3. Die Rucolablätter mit einem Stößel ausdrücken.
4. Eiswürfel in das Shaker-Unterteil geben.
5. Shaker schließen und schütteln.
6. Durch ein Barsieb in das Longdrinkglas abgießen.
7. Mit Sodawasser* auffüllen.
8. Mit einem Barlöffel vermischen.
9. Mit der Zitronenschale und den Rucolablättern garnieren und einen Trinkhalm dazugeben.

TIPP

Will man keine Rucolablätter im Glas haben, dann empfiehlt sich beim Abgießen die zusätzliche Verwendung eines Teesiebs.

TREND-DRINKS

London Mule

4–6 cl Gin- oder andere *non-alcoholic spirits**-Alternative
2 cl frisch gepresster Limettensaft
20 cl Ginger Beer oder Ginger Ale

1 Gurkenstreifen

ZUBEREITUNG

1. Einen Kupferkrug mit Eiswürfeln füllen.
2. Limettensaft und *non-alcoholic spirit** dazugeben.
3. Mit Ginger Beer oder Ginger Ale auffüllen.
4. Mit einem Barlöffel umrühren.
5. Mit dem Gurkenstreifen garnieren.

INFO

Das alkoholische Original des **Moscow Mule** wurde mit Wodka gemixt. Das Rezept entstand in den 1940er-Jahren in den USA, später wurde die Variante mit Rum, der Caribbean Mule, bekannt. Für die alkoholfreie Version eignen sich unterschiedliche *non-alcoholic spirits**, und wenn man den Drink in einem Kupferkrug anrichtet, ist man nahe am Original. Ob Ginger Beer oder Ginger Ale, der London Mule punktet immer mit Geschmack und als Erfrischung.

(*Siehe »Die alkoholfreien Getränke«, Seite 150/151)

Magic Chamomile

4 cl Gin-Alternative* (z. B. Siegfried Wonderleaf)
2 cl frisch gepresster Limettensaft
1 cl Zuckersirup
10 cl kalter kräftiger Kamillentee
½ Eiweiß oder Aquafaba

Einige Kamillenblüten

ZUBEREITUNG

1. Eiswürfel in das Shaker-Unterteil geben.
2. Die Zutaten dazugeben.
3. Shaker schließen und kräftig schütteln.
4. Direkt in den Tumbler oder ein großes Glas abgießen.
5. Mit einem Barlöffel den verbliebenen Schaum aus dem Shaker auf den Drink setzen.
6. Mit Kamillenblüten garnieren.

INFO

Der Name **Aquafaba** ist lateinischen Ursprungs und setzt sich aus *aqua* für »Wasser« und *faba* für »Bohne« zusammen. Aquafaba nennt man das dickflüssige Kochwasser von Hülsenfrüchten, vorzugsweise von Kichererbsen oder weißen Bohnen. Es lässt sich wie Eiweiß aufschlagen und wird in der veganen Küche als Eischnee-Alternative verwendet.

(*Siehe »Die alkoholfreien Getränke«, Seite 150/151)

TREND-DRINKS

Red Soul

1

3 cl Cranberrynektar
2 cl frisch gepresster Limettensaft
2 cl Hibiskussirup
Kombucha

Orangenschale
1 Rosmarinzweig

ZUBEREITUNG

1. Eiswürfel in einen Tumbler geben.
2. Cranberrynektar, Limettensaft und Hibiskussirup dazugeben.
3. Mit einem Barlöffel verrühren.
4. Nach Belieben mit Kombucha auffüllen.
5. Nochmals verrühren.
6. Mit der Orangenschale und dem Rosmarinzweig garnieren.
7. Trinkhalm dazugeben.

INFO

Kombucha ist japanischen Ursprungs und steht für ein Gärgetränk, das mittels einer Hefekultur aus fermentiertem Tee und Zucker hergestellt wird. Fertigprodukte können bis 2 Prozent vol. Alkohol enthalten, und nur die Marken, die unter 0,5 Prozent vol. liegen, dürfen sich als »alkoholfrei« bezeichnen. Kombucha schmeckt im Original süßsauer, es gibt aber auch aromatisierte Sorten. Außer als Fertigprodukt ist Kombucha in Sets erhältlich, die alles für die Eigenherstellung enthalten.

Wake Up

6 cl Cold Brew Coffee
2 cl Bitter (z. B. Riemerschmid)
1 cl frisch gepresster Limettensaft
10 cl Tonic Water

1 Orangenkeil

ZUBEREITUNG

1. Eiswürfel in ein Longdrinkglas geben.
2. Eiswürfel in das Shaker-Unterteil geben.
3. Cold Brew Coffee, Bitter und Limettensaft dazugießen.
4. Shaker schließen und schütteln.
5. Durch ein Barsieb in das Longdrinkglas abgießen.
6. Mit beliebiger Menge Tonic Water auffüllen.
7. Mit einem Barlöffel umrühren.
8. Den Orangenkeil dazugeben.
9. Trinkhalm dazugeben.

INFO

Cold Brew ist ein Trendgetränk aus neuerer Zeit. Im Prinzip ist es ein mit kaltem Wasser zubereiteter Kaffee, der dadurch weniger Säuren und Bitterstoffe enthält. Man gibt auf etwa 100 Gramm grob gemahlenen Kaffee 1 Liter kaltes Wasser und rührt um. Dann einige Stunden in den Kühlschrank stellen und ziehen lassen. Anschließend durch einen Filter abgießen. Es gibt Fertigprodukte wie auch speziell für diese Zubereitungsart hergestellten Kaffee.

Apfelstrudel-Punsch

¼ Apfel
4 cl frisch gepresster Orangensaft
3 cl Bratapfelsirup (z. B. Genüssle)
8 cl naturtrüber Apfelsaft
1 Kugel Vanilleeis und/oder 2 EL leicht geschlagene Sahne

Mandelsplitter

ZUBEREITUNG

1. Den Apfel entkernen und in kleine Würfel schneiden.
2. Die Apfelwürfel mit Orangensaft und Bratapfelsirup in einen kleinen Kochtopf geben.
3. Bei mittlerer Hitze längere Zeit köcheln lassen.
4. Den Apfelsaft dazugeben und ein paar weitere Minuten köcheln lassen.
5. In ein hitzebeständiges Glas oder eine Tasse gießen.
6. Das Vanilleeis und/oder die leicht geschlagene Sahne daraufgeben.
7. Mit Mandelsplittern bestreuen.

INFO

Die Firma Genüssle in Langenargen am Bodensee ist Hersteller außergewöhnlicher Sirupe. Darunter die Sorten Bratapfel und Lebkuchen, die sich ideal für Heißgetränke eignen. Im Angebot sind auch Blüten-, Kräuter- und Fruchtsirupkombinationen in bester Qualität.

Green Chocolate

8 cl Milch
2 cl Sahne
4 cl Weiße-Schokolade-Sirup
1 Barlöffel Matcha-Teepulver
1 Barlöffel Honig
1 Prise Salz

2 Marshmallows

ZUBEREITUNG

1. Alle Zutaten in einen kleinen Kochtopf geben.
2. Bei mittlerer Hitze zum Köcheln bringen und etwas köcheln lassen.
3. Zwischendurch umrühren.
4. Mit einem Schneebesen kurz aufschlagen.
5. In eine Tasse gießen.
6. Zwei Marshmallows dazugeben und diese mit einem Flambierbrenner leicht anbräunen.

INFO

Matcha ist ein zu Pulver vermahlener japanischer Grüntee. Dieser ist intensiv grün, sehr delikat und auch sehr teuer. Sein Wachstum wird aufwendig überwacht und auch die Herstellung ist kostspielig. Matcha ist der Tee, der bei der japanischen Teezeremonie gereicht wird.

Hazel Almond

10 cl Mandelgetränk
8 cl Honigbuschtee
2 cl Haselnusssirup

2 Zimtstangen

ZUBEREITUNG

1. Alle Zutaten in einen kleinen Kochtopf geben und erhitzen.
2. Zwischendurch umrühren.
3. In eine Tasse gießen.
4. Die Zimtstangen dazugeben.

INFO

Mandelgetränk ist umgangssprachlich als »Mandelmilch« bekannt ist eine beliebte Zutat bei Mixgetränken. Die EU untersagt die Bezeichnung »Milch« für nicht tierische Produkte. Dazu stellt sich aber die Frage, warum die Kokosmilch sich so benennen darf. In Italien ist die Latte di Mandorla seit Jahrhunderten ein Begriff und *latte* ist Milch. Egal wie, der feine Mandelgeschmack prägt den Drink.

Hot Gingerbread

4 cl Whiskey-Alternative* (z. B. Lyre's American Malt)
3 cl Lebkuchensirup (z. B. Genüssle)
1 cl frisch gepresster Zitronensaft
10 cl naturtrüber Apfelsaft
Zimtstange
Einige Kardamomkapseln

Zimtpulver
Zimtstangen
Einige Apfelscheiben

ZUBEREITUNG

1. Alle Zutaten in einen kleinen Kochtopf geben und aufkochen lassen.
2. Zwischendurch umrühren.
3. In ein hitzebeständiges Glas oder eine Tasse gießen.
4. Etwas Zimtpulver darüberstreuen.
5. Mit Apfelscheiben garnieren und die Zimtstangen dazugeben.

INFO

Die Bezeichnung **Hot Drinks** steht als Oberbegriff für Heißgetränke. Kaffee, Tee, Schokolade oder Milch bilden die wichtigsten Grundlagen dafür, Fruchtsäfte und Sirupe sowie Wein oder heißes Wasser verfeinern sie. Die Menschen versuchten schon in früher Zeit, ihre Körper in der Kälte des Winters mit heißen Getränken zu wärmen, daher sind die ersten Rezepte bereits jahrhundertealt.

(*Siehe »Die alkoholfreien Getränke«, Seite 150/151)

Maple Coffee

4 cl Whiskey-Alternative* (z. B. Lyre's American Malt)
2 cl Ahornsirup
10 cl starker Kaffee
Leicht geschlagene Sahne

Orangenabrieb (Bioqualität)

ZUBEREITUNG

1. Die Zutaten (ohne die Sahne) in einen kleinen Kochtopf geben und erhitzen.
2. Mit einem Barlöffel umrühren.
3. In ein Stielglas gießen.
4. Die leicht geschlagene Sahne als »Haube« daraufsetzen.
5. Etwas Orangenabrieb daraufgeben.

INFO

Ahornsirup ist eine kanadisch-amerikanische Sirupspezialität, die aus dem eingedickten Saft des Zucker-Ahorn-Baumes gewonnen wird. Seine Hauptherstellungsregionen liegen im Süden der kanadischen Provinz Quebec und im angrenzenden US-Bundesstaat Vermont. Ahornsirup gilt als gesund und wird vielfach zum Süßen verwendet.

(*Siehe »Die alkoholfreien Getränke«, Seite 150/151)

Orangenpunsch

1 Tasse heißer starker schwarzer Tee
8 cl frisch gepresster Orangensaft
6 cl Rum-Alternative* (z. B. Lyre's Spiced Cane)
2 cl Zimtsirup

1 Orangenscheibe
4 Gewürznelken

ZUBEREITUNG

1. Eine Tasse Tee zubereiten und heiß halten.
2. In einem kleinen Topf Orangensaft, Rum-Alternative* und Zimtsirup erhitzen.
3. Mit einem Barlöffel umrühren.
4. Die Mischung in ein Henkelglas oder eine Tasse gießen.
5. Mit dem heißen Tee auffüllen.
6. Die Orangenscheibe mit den Nelken spicken und in den Punsch geben.

INFO

Der Punsch geht zurück auf Matrosen der Britischen Ostindien-Kompanie, die im 17. Jahrhundert aus Indien Punschrezepte mitbrachten. Das Wort »Punsch« leitet sich aus der Hindi-Sprache von »Panscht« ab und bedeutet »fünf«. Diese Zahl stand auch für die damals kostbaren fünf Zutaten im ursprünglichen Punsch: für Arrak, Zitrone, Gewürze, Zucker und Tee. Bereits im 18. Jahrhundert war der Punsch in der gehobenen Gesellschaft Europas bekannt und wurde oft bei geselligen Anlässen gereicht.

(*Siehe »Die alkoholfreien Getränke«, Seite 150/151)

Die alkoholfreien Getränke

Für die Mixrezepte in diesem Buch wurden vielfach die neuartigen *non-alcoholic spirits* verwendet. Sie werden in den Rezepten »Alternativen« genannt und sind mit einem * gekennzeichnet. Bei diesen Produkten handelt es sich um Getränke, die ihren alkoholischen »Vorbildern« nachempfunden sind. Um Ihnen die Suche zu erleichtern, sind auf Seite 153 Webadressen von Herstellern und Shops aufgeführt, wobei Sie auf diesen Websites bei den vorgestellten Marken meist auch ausführliche Informationen über den Geschmack und die Verwendungsmöglichkeiten finden. Generell gilt für alle diese »Alternativen«, wie auch für alkoholfreien Wein und alkoholfreien Schaumwein, bei der Bezeichnung »alkoholfrei« eine Alkoholobergrenze von 0,5 Prozent vol.

non-alcoholic spirits* Schon vor etwa zwanzig Jahren versuchte man, mit dem Geschmack von Spirituosen alkoholfrei zu mixen, die Grundlage dazu wurde mit der Entwicklung von Gin- und Rumsirup geschaffen. Dazu kamen nun in neuerer Zeit die ihren alkoholischen Vorbildern nachempfundenen *non-alcoholic spirits*. Die vorwiegend angebotenen Geschmacksrichtungen sind wiederum Gin und Rum, aber auch Whisky und Mezcal werden kopiert. Während die »echten« Spirituosen durch die Destillation ihrer Grundstoffe entstehen und sich die Geschmackskomponenten auch durch die Reifung in Holzfässern entwickeln, beziehen die *non-alcoholic spirits* ihren Geschmack aus Aromen und Essenzen, die diesen Geschmack imitieren. Die *non-alcoholic spirits* dürfen nicht die Bezeichnungen der Originalprodukte tragen, und beim Studium der Etiketten erfährt man, welche Zutaten die Marke prägen und welcher Geschmack zu erwarten ist.

Likör-Alternativen* Auch Likör-Alternativen sind erhältlich. Diese haben meist eine aufwendigere Geschmackskomposition als die Sirupe und sind in der Regel auch dünnflüssiger. Bekannte Sorten sind z. B. Amaretto, Kaffee und Orange.

Vermouth und **Weinaperitif-Alternativen*** Schon lange bekannt sind die alkoholfreien Weine als solche sowie die mit Kräutern und Gewürzen versetzten alkoholfreien Weine. Die Basis der alkoholfreien Vermouth- und Weinaperitif-Alternativen bildet alkoholfreier Wein. Ihr Herstellungsprozess entspricht dem der alkoholhaltigen Originale.

Bitter und **Bitter-Aperitifs** Schon seit vielen Jahren gibt es die roten Bitter-Spirituosen Italiens auch in alkoholfreier Form. Sie sind den alkoholhaltigen Originalen nachempfunden, nur fehlt eben der Alkohol.

Alkoholfreier Wein Die heute angewandte Technik zur Herstellung alkoholfreier Weine beruht auf einem deutschen Patent aus dem Jahr 1908. Die alkoholfreien Weine erlebten in den letzten Jahren einen unglaublichen Aufschwung. Sie sind als Weiß-, Rot- und Roséwein, zum Teil auch mit Angabe des Weinbaugebiets und der Rebsorte, auf dem Markt.

Alkoholfreier Schaumwein Dieser war noch vor einigen Jahren ein Nischenprodukt, nahm aber in den letzten Jahren enorm an Fahrt auf. Alkoholfreie Schaumweine entsprechen nicht den Vorschriften für Sekt und dürfen folglich auch nicht so bezeichnet werden. Bei den heute angewandten Herstellungsverfahren wird darauf geachtet, dass der Charakter der Weine erhalten bleibt. Der behandelte Wein wird letztendlich zum alkoholfreien Schaumwein, indem man ihm Kohlensäure hinzufügt.

Sodawasser* ist ein Tafelwasser, das Natron und Kohlensäure enthalten muss. Das erste mit Kohlensäure versetzte Wasser wurde 1783 von Johann Jacob Schweppe in England hergestellt. Damit legte der in Hessen geborene Schweppe die Grundlage für die heutige Erfrischungsgetränke-Industrie. Sodawasser ist der klassische sprudelnde und geschmacksfreie Filler vieler Drinks. Seit es Mixbücher gibt, wurde das Sodawasser in den Rezepten immer mit übernommen, und bis heute ist immer nur das Sodawasser als kohlensäurehaltige Zugabe genannt. Es gab aber auch beim Wasser große Veränderungen und Fortschritte. Heutzutage sind auf dem Mineralwassermarkt viele geschmacksneutrale kohlensäurehaltige Wässer erhältlich, man kann aber auch Wasser aus dem Wassersprudler verwenden.

Limonaden werden aus Fruchtkonzentraten, Aromastoffen, Kräuterauszügen, Zucker, Wasser und meist mit Kohlensäure hergestellt. Das Tonic Water gehört zu den Limonaden und weist einen Chinin-Zusatz auf. Bitter Lemon und andere Bitter-Getränke sind Limonaden, die mit den entsprechenden Fruchtauszügen und mit Bitter-Aroma hergestellt werden. Ginger Ale und Ginger Beer sind Ingwerlimonaden, Ginger Beer enthält mehr Ingwer als Ginger Ale und ist intensiver. Koffeinhaltige Limonaden enthalten neben Koffein weitere Frucht- oder Pflanzenauszüge, meist von der Cola-Nuss (Cola-Getränke).

Sirupe sind konzentrierte, dickflüssige Lösungen von Zucker in Wasser oder von Zucker in Fruchtsäften oder Pflanzenauszügen. Bis Ende der 1970er-Jahre standen zum Mixen lediglich Zuckersirup, die Grenadine von Bols und Rose's Lime Juice Cordial (ein Limonen-Sirup) zur Verfügung. Eine herausragende Stellung nimmt seither die Münchener Firma Riemerschmid ein, die ihre Sirup-Produktion 1978 startete. In den folgenden Jahren wurde das Sortiment ständig erweitert, und heute werden in zwei Produktlinien Frucht- und Barsirupe angeboten. Die dünnflüssigeren Barsirupe wurden entwickelt, um den Profimixern ein zügigeres Arbeiten zu ermöglichen. Heute hat Riemerschmid etwa 30 Sorten, darunter viele vegane Qualitäten, im Repertoire.

Rezeptregister

REZEPTE VON A-Z

After Eight 18
Afternoon Ice Tea 122
Alpentoni 89
Amaretto Sour 125
Americano 42
Apfelstrudel-Punsch 138
Apple Highflower 90
Asian Strawberry 105
Azzurro Bacio 57
Banana Royal 106
Basil Smash 21
Beatroot Fizz 93
Bellini 45
Berry White 46
Bloody Shandy 126
Blue Monday 109
Blue Movie 94
Bramble 22
Caribbean Mule 70
Clover Club 25
Citrus Crushed 73
Cocoberry Mojito 97
Cool Strawberry 98
Contessa Negroni 58
Cosmopolitan 49
Cucumber Lemonade 74
Espresso-Nuss-Martini 26
French 75 61
Frozen Mango Margarita 110
Gimlet 50
Gin Tonic 29
Granatapfel-Spritz 77
Green Chocolate 141
Hazel Almond 142
Hot Gingerbread 145
Hugo 53
Ipanema 78
Italian Blossom 54
Karotten-Spritz 81
Kiwi Blossom 113
Leon's Highball 101
Linus Garden 129
London Mule 130
Magic Chamomile 133
Mai Tai 30
Mandarimosa 62
Maple Coffee 146
Méditerranée 82
Orangenpunsch 149
Orange Velvet 114
Passion High 102
Peach Velvet 65
Piña Colada 33
Planter's Punch 34
Red Soul 134
Rhubarb Rosé 66
Sex on the Beach 37
Slushberry 117
Stiletto-Spritz 85
Swimmingpool 118
Tom Collins 38
Virgin Mary 41
Wake Up 137
White-Lavender-Tonic 86
Wood Passion 121
Zitronen-Ingwer-Spritz 69

REZEPTE NACH ALTERNATIV-BASIS

Mit Gin-Alternativen*

After Eight 18
Basil Smash 21
Bramble 22
Citrus Crushed 73
Clover Club 25
Contessa Negroni 58
Espresso-Nuss-Martini 26
French 75 61
Gimlet 50
Gin Tonic 29
Kiwi Blossom 113
London Mule 130
Magic Chamomile 133
Méditerranée 82
Tom Collins 38
Wood Passion 121

Mit Rum-Alternativen*

Asian Strawberry 105
Banana Royal 106
Blue Movie 94
Caribbean Mule 70
Cocoberry Mojito 97
Mai Tai 30
Orangenpunsch 149
Piña Colada 33
Planter's Punch 34

Mit alkoholfreiem Schaumwein

Azzurro Bacio 57
Bellini 45
Contessa Negroni 58
French 75 61
Granatapfel-Spritz 77
Hugo 53
Italian Blossom 54
Mandarimosa 62
Peach Velvet 65
Rhubarb Rosé 66
Zitronen-Ingwer-Spritz 69

Mit Weinaperitif-Alternativen*

Alpentoni 89
Americano 42
Apple Highflower 90
Passion High 102
Stiletto-Spritz 85

Mit Bitter

Americano 42
Bloody Shandy 126
Italian Blossom 54
Wake Up 137

Mit Likör-Alternativen*

Cosmopolitan 49
Slushberry 117

Mit Whiskey-Alternativen*

Hot Gingerbread 145
Maple Coffee 146

Mit non-alcoholic-spirits-Alternativen*

London Mule 130

Mit Mezcal-Alternative*

Frozen Mango Margarita 110

Webadressen und Bezugsquellen

Webshops

www.alkoholfreier-wein.com
www.alkoholfreishop.de
www.soberdry.com
www.tastillery.com

Alkoholfreie Weine und Schaumweine

www.kolonnenull.com
–Alkoholfreie Weine und Schaum weine
www.propstei-ebernach.de
–Alkoholfreie Weine
www.weinkoenig.de
–Alkoholfreie Weine und Schaumweine

Sirupe und Fruchtprodukte

www.diversa-spez.de
 –Bols Sirupe
www.genuessle.de
 –Bratapfel-, Lebkuchen- und weitere Sirupe
www.monin.de
–Sirupe
www.riemerschmid.de
–Sirupe
www.urbancordial.com
–Non-Alcoholic Fruit-Products

Aperitif

www.everleafdrinks.com
www.itsundone.com
www.martini.com
www.threespiritdrinks.com
www.schladerer.de

Bitter

www.aecorndrinks.com
www.itsundone.com
www.monin.de
www.riemerschmid.de

Non-Alcoholic Spirit

www.borrago.com
www.easipdrinks.com
www.feelzeo.com
www.hpjuniper.com
www.juniperl.com
www.itsundone.com
www.laoridrinks.com
www.lyres.eu
www.ritualzeroproof.com
www.seedlipdrinks.com/uk
www.siegfriedgin.com
www.stryyk.com
www.windspiel-manufaktur.com

Impressum

DANKSAGUNG

Unserem Kollegen und Freund Thomas Hämmerling danken wir für seine Tipps und für das Mixen der Drinks im Fotostudio. Ein besonderer Dank geht an Graziella Rapisarda für die Recherchen zum Thema sowie die Suche nach Produzenten und Importeuren.

1. Auflage 2021
© 2021 by Südwest Verlag, einem Unternehmen der Penguin Random House Verlagsgruppe GmbH, Neumarkter Straße 28, 81673 München.

Alle Rechte vorbehalten. Vollständige oder auszugsweise Reproduktion gleich welcher Form (Fotokopie, Mikrofilm, elektronische Datenverarbeitung oder andere Verfahren), Vervielfältigung, Weitergabe von Vervielfältigungen nur mit schriftlicher Genehmigung des Verlags.

Hinweis
Die Ratschläge/Informationen in diesem Buch sind von den Autoren und dem Verlag sorgfältig erwogen und geprüft. Dennoch kann eine Garantie nicht übernommen werden. Eine Haftung der Autoren bzw. des Verlags und seiner Beauftragten für Personen-, Sach- und Vermögensschäden ist ausgeschlossen.

Sollte diese Publikation Links auf Webseiten Dritter enthalten, so übernehmen wir für deren Inhalte keine Haftung, da wir uns diese nicht zu eigen machen, sondern lediglich auf deren Stand zum Zeitpunkt der Erstveröffentlichung verweisen.

Bildnachweis
Die Cocktail- und Drinkabbildungen stammen von Reinhard Rohner Fotodesign, München
Autorenportrait Seite 6: Franz Brandl © Reinhard Rohner Fotodesign, München, Florian Fischer © Nikky Maier Photo, Augsburg

Projektleitung Hannes Frisch
Layout und Satz OH, JA! (www.oh-ja.com), München
Redaktion Claudia Fritzsche, München
Bildredaktion Sabine Kestler
Korrektorat Susanne Schneider, München
Herstellung Elke Cramer
Reproduktion Mohn Media Mohndruck GmbH, Gütersloh
Druck und Verarbeitung Print Consult GmbH, München

Printed in Slovakia

Penguin Random House Verlagsgruppe FSC® N001967
ISBN 978-3-517-10084-5

DIE BUNTE WELT DER RIEMERSCHMID® BAR-SIRUPE

MADE IN GERMANY – SEIT 1835!

Die Sirupe des Traditionsherstellers Riemerschmid stehen für Erfahrung, Konstanz und Qualität.

EINFACH ZU LAGERN!

Sehr lange Haltbarkeit – egal ob geöffnet und/oder ungekühlt.

VON PROFIS FÜR PROFIS!

Unsere Bar-Sirupe wurden mit Bartendern für Profianwender entwickelt – sie liegen besonders gut in der Hand und ermöglichen ein schnelles, sauberes und effektives Arbeiten.

Ebenfalls im Südwest-Verlag erschienen

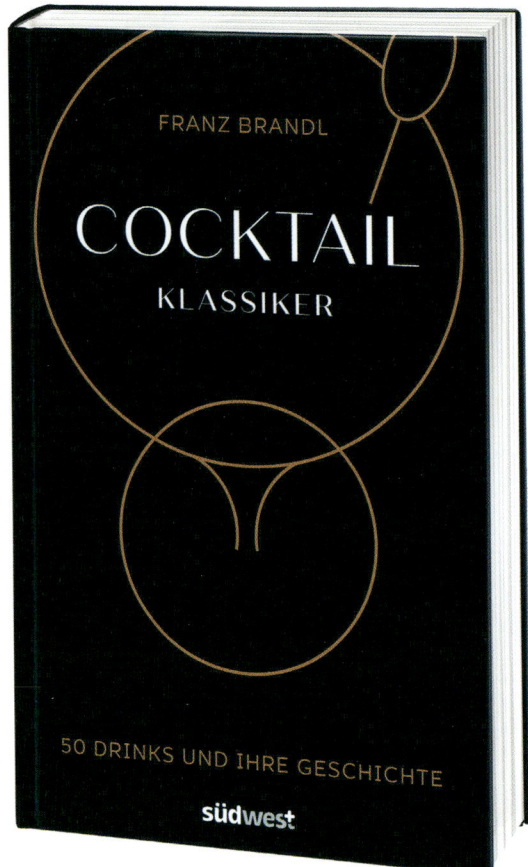

ISBN: 978-3-517-09854-8 | 160 Seiten | 18,00 € [D]